#### 현지에서 바로바로 활용하는
## 자유자재 영어 단번에 끝내기

**저 자** 이원준
**발행인** 고본화
**발 행** 반석출판사
2017년 10월 20일 초판 1쇄 인쇄
2017년 10월 25일 초판 1쇄 발행
**홈페이지** www.bansok.co.kr
**이메일** bansok@bansok.co.kr
**블로그** blog.naver.com/bansokbooks

157-779 서울시 강서구 양천로 583번지 B동 1007호
    (서울시 강서구 염창동 240-21번지 우림블루나인 비즈니스센터 B동 1007호)
**대표전화** 02) 2093-3399 **팩 스** 02) 2093-3393
**출 판 부** 02) 2093-3395 **영업부** 02) 2093-3396
**등록번호** 제315-2008-000033호

**Copyright ⓒ** 이원준

**ISBN** 978-89-7172-849-9 (13740)

■ 교재 관련 문의: bansok@bansok.co.kr을 이용해 주시기 바랍니다.
■ 이 책에 게재된 내용의 일부 또는 전체를 무단으로 복제 및 발췌하는 것을 금합니다.
■ 파본 및 잘못된 제품은 구입처에서 교환해 드립니다.

English Conversation for Beginners

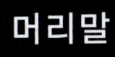

교통과 통신 수단의 발전으로 세계는 바야흐로 일일생활권이 되어 가고 있고, 이에 따른 의사소통의 필요성은 더 이상 말할 필요가 없습니다. 우리 일상생활에서도 영어는 더 이상 외국어로 여겨지지 않을 뿐 아니라 세계화의 첫 관문으로 인식되고 있습니다.

세계는 하루가 다르게 개방화, 국제화되어 문화적, 언어적으로 영어라는 거대한 영역 안으로 흡수되어 통합화(globalization)가 이루어지고 있다고 해도 과언이 아닐 것입니다.

이러한 조류에 맞추어 이 책은 영어회화의 기초적이고도 일상생활에 널리 사용되는 주요 회화 표현들을 엄선하여 활용을 쉽게 할 수 있도록 하여 자기 생각을 최대한 쉬운 방법으로 상대에게 전달할 수 있도록 꾸몄습니다. 또한 이 책은 영어 기초 정도의 실력을 가지고 회화를 막 시작하려는 학습자를 대상으로 일상생활, 여행 등에 기본적으로 쓰일 수 있는 회화 표현을 다음과 같은 특징으로 엮었습니다.

- 영어 초보자도 쉽게 접근할 수 있는 기본적인 회화 표현
- 장면별 구성으로 어느 상황에서든 유용하게 쓸 수 있는 사전식 구성
- 영어 초보자도 가볍게 접근할 수 있도록 한글로 발음 표기
- 한 권으로 영어 초급회화에서 중급회화까지 마스터
- 즉석에서 바로바로 활용할 수 있는 구성 및 기획서

이 책은 어떤 장면이나 상황에서도 영어 회화를 가능한 정확하고 다양하게 익힐 수 있도록 체계적으로 배려하였습니다.

끝으로 이 책이 세상에 나오기까지 기획에서 편집, 제작에 이르기까지 정성을 다해 주신 여러 분들께 감사드립니다. 아무쪼록 이 책이 독자 여러분의 학습에 많은 도움이 된다면 더 이상 바랄 것이 없으며, 아낌없는 성원과 질정을 부탁드립니다.

# 차례

English Conversation for Beginners

## PART 1 자연스런 만남

**01 일상적인 만남의 인사** · · · · · 18
   1. 일상적인 인사를 할 때 • 18
   2. 우연히 만났을 때 • 20
   3. 안녕을 물을 때 • 21
   4. 오랜만에 만났을 때 • 23
   5. 안부를 묻고 답할 때 • 24

**02 소개할 때의 인사** · · · · · 26
   1. 처음 만났을 때 • 26
   2. 자신을 소개할 때 • 27
   3. 소개시킬 때 • 29
   4. 그밖에 소개에 관한 표현 • 30

**03 헤어질 때의 인사** · · · · · 32
   1. 밤에 헤어질 때 • 32
   2. 기본적인 작별 인사 • 33
   3. 방문을 마칠 때 • 36
   4. 주인으로서의 작별 인사 • 38
   5. 안부를 전할 때 • 40
   6. 전송할 때 • 40

## PART 2 세련된 교제

**01 고마움을 나타낼 때** · · · · · 44
   1. 기본적인 감사의 표현 • 44
   2. 고마움을 나타낼 때 • 45
   3. 배려에 대한 고마움을 나타낼 때 • 47
   4. 감사의 선물을 줄 때 • 48
   5. 감사의 선물을 받을 때 • 49
   6. 감사 표시에 대해 응답할 때 • 50

**02 사죄·사과를 할 때** · · · · · 53
   1. 사과·사죄를 나타낼 때 • 53
   2. 행위에 대한 사과·사죄를 할 때 • 54
   3. 실수를 범했을 때 • 56
   4. 용서를 구할 때 • 58
   5. 사과·사죄에 대한 응답 • 59

**03 축하와 환영을 할 때** · · · · · 61
   1. 축하할 때 • 61
   2. 축복을 기원할 때 • 64
   3. 환영할 때 • 66

**04 초대를 할 때** · · · · · 68
   1. 초대할 때 • 68
   2. 초대에 응할 때 • 69
   3. 초대에 응할 수 없을 때 • 70

**05 방문을 할 때** · · · · · 72
   1. 손님을 맞이할 때 • 72
   2. 음료와 식사를 대접할 때 • 74
   3. 방문을 마칠 때 • 75

**06 약속을 할 때** · · · · · 76
   1. 약속을 청할 때 • 76
   2. 스케줄을 확인할 때 • 77
   3. 약속 제안에 응답할 때 • 78
   4. 약속시간과 장소를 정할 때 • 79
   5. 약속을 변경하거나 취소할 때 • 80

**07 식사를 제의할 때** · · · · · 82
   1. 식사를 제의할 때 • 82
   2. 자신이 계산하려고 할 때 • 84

## PART 3 유창한 대화

**01 질문을 할 때** · · · · · 88
   1. 질문을 할 때 • 88
   2. 질문에 답변할 때 • 91

**02 응답을 할 때** · · · · · · · · · · **92**
   1. 긍정의 마음을 전할 때 • 92
   2. 부정의 마음을 전할 때 • 94
   3. 불확실·의심의 마음을 전할 때 • 96

**03 맞장구를 칠 때** · · · · · · · · · · **99**
   1. 확실하게 맞장구를 칠 때 • 99
   2. 애매하게 맞장구를 칠 때 • 102
   3. 긍정의 맞장구 • 103
   4. 부정의 맞장구 • 103
   5. 잠시 생각할 때 • 105

**04 되물음과 이해를 나타낼 때** · · · **106**
   1. 되물을 때 • 106
   2. 잘 알아듣지 못했을 때 • 108
   3. 이해 여부를 재확인할 때 • 110
   4. 이해를 했을 때 • 111
   5. 이해를 못했을 때 • 112

**05 제안과 권유를 할 때** · · · · · · · **114**
   1. 무언가를 제안할 때 • 114
   2. 권유할 때 • 117
   3. 제안·권유에 응할 때 • 118
   4. 제안·권유에 거절할 때 • 120

**06 부탁을 할 때** · · · · · · · · · · · **121**
   1. 부탁을 할 때 • 121
   2. 구체적으로 부탁할 때 • 123
   3. 부탁을 들어줄 때 • 125
   4. 부탁을 거절할 때 • 127
   5. 우회적으로 거절할 때 • 128

**07 대화를 시도할 때** · · · · · · · · · **129**
   1. 말을 걸 때 • 129
   2. 대화 도중에 말을 걸 때 • 131
   3. 용건을 물을 때 • 131
   4. 모르는 사람에게 말을 걸 때 • 132

**08 대화의 연결과 진행** · · · · · · · · **135**
   1. 말을 재촉할 때 • 135
   2. 간단히 말할 때 • 136
   3. 화제를 바꿀 때 • 137
   4. 말이 막힐 때 • 138
   5. 말을 꺼내거나 잠시 주저할 때 • 139
   6. 적당한 말이 생각나지 않을 때 • 140
   7. 말하면서 생각할 때 • 141

**09 주의와 충고를 할 때** · · · · · · · **143**
   1. 주의를 줄 때 • 143
   2. 충고할 때 • 146
   3. 조언을 할 때 • 148

## PART 4 거리낌없는 감정

**01 희로애락을 나타낼 때** · · · · · · · **152**
   1. 기쁠 때 • 152
   2. 즐거울 때 • 154
   3. 기쁜 소식을 들었을 때 • 155
   4. 기쁠 때 외치는 소리 • 156
   5. 자신이 화가 날 때 • 156
   6. 상대방이 화가 났을 때 • 158
   7. 화가 난 상대를 진정시킬 때 • 159
   8. 슬플 때 • 160
   9. 우울할 때 • 161
   10. 슬픔과 우울함을 위로할 때 • 162

**02 놀라움과 무서움을 나타낼 때** · · **164**
   1. 자신이 놀랐을 때 • 164
   2. 상대방이 놀랐을 때 • 167
   3. 믿겨지지 않을 때 • 168
   4. 무서울 때 • 169
   5. 진정시킬 때 • 171

**03 근심과 격려를 나타낼 때** · · · · · **172**
   1. 걱정을 물을 때 • 172

2. 위로할 때 • 174
3. 격려할 때 • 176

**04 불만과 불평을 할 때 · · · · · 179**
1. 귀찮을 때 • 179
2. 불평을 할 때 • 180
3. 불만을 나타낼 때 • 181
4. 지겹고 지루할 때 • 182
5. 짜증날 때 • 183

**05 감탄과 칭찬을 할 때 · · · · · 185**
1. 감탄의 기분을 나타낼 때 • 185
2. 능력과 성과를 칭찬할 때 • 187
3. 외모를 칭찬할 때 • 188
4. 재주와 실력을 칭찬할 때 • 190
5. 그밖에 여러 가지를 칭찬할 때 • 191
6. 친절과 성격에 대해 칭찬할 때 • 192
7. 칭찬에 대한 응답 • 193

**06 비난과 책망을 할 때 · · · · · 194**
1. 비난할 때 • 194
2. 말싸움을 할 때 • 197
3. 변명을 할 때 • 199
4. 꾸짖을 때 • 200
5. 화해할 때 • 201

## PART 5 일상생활의 화제

**01 가족에 대해서 · · · · · 204**
1. 가족에 대해 말할 때 • 204
2. 형제자매와 친척에 대해 말할 때 • 206
3. 자녀에 대해 말할 때 • 208

**02 직장에 대해서 · · · · · 210**
1. 직장에 대해 말할 때 • 210
2. 근무에 대해 말할 때 • 211
3. 급여에 대해 말할 때 • 212
4. 승진에 대해 말할 때 • 213
5. 출퇴근에 대해 말할 때 • 214
6. 휴가에 대해 말할 때 • 215
7. 상사에 대해 말할 때 • 216
8. 사직·퇴직에 대해 말할 때 • 217

**03 학교에 대해서 · · · · · 219**
1. 출신학교에 대해 말할 때 • 219
2. 학년에 대해 말할 때 • 221
3. 전공에 대해 말할 때 • 221
4. 학교생활에 대해 말할 때 • 222
5. 시험과 성적에 대해 말할 때 • 224

**04 연애와 결혼에 대해서 · · · · · 226**
1. 연애 타입에 대해 말할 때 • 226
2. 데이트에 대해 말할 때 • 227
3. 청혼과 약혼에 대해 말할 때 • 228
4. 결혼에 대해 말할 때 • 229
5. 별거와 이혼에 대해 말할 때 • 230

**05 여가·취미·오락에 대해서 · · · 232**
1. 여가 활동에 대해 말할 때 • 232
2. 취미에 대해 말할 때 • 233
3. 오락에 대해 말할 때 • 234
4. 유흥을 즐길 때 • 236
5. 여행에 대해 말할 때 • 237

**06 문화생활에 대해서 · · · · · 239**
1. 독서에 대해 말할 때 • 239
2. 신문과 잡지에 대해 말할 때 • 241
3. 텔레비전에 대해 말할 때 • 243
4. 음악에 대해 말할 때 • 244
5. 그림에 대해 말할 때 • 246
6. 영화에 대해 말할 때 • 248

**07 건강에 대해서 · · · · · 250**
1. 건강에 대해 말할 때 • 250

    2. 컨디션을 물을 때 • 252

**08 스포츠와 레저에 대해서** ･････ **254**
    1. 스포츠에 대해 말할 때 • 254
    2. 스포츠를 관전할 때 • 256
    3. 스포츠 중계를 볼 때 • 258
    4. 여러 가지 경기에 대해 말할 때 • 258
    5. 레저를 즐길 때 • 260

**09 날씨와 계절에 대해서** ･････ **262**
    1. 날씨를 물을 때 • 262
    2. 날씨를 말할 때 • 263
    3. 더위와 추위를 말할 때 • 264
    4. 바람이 불 때 • 266
    5. 비가 내릴 때 • 266
    6. 눈이 내릴 때 • 267
    7. 일기예보에 대해 말할 때 • 268
    8. 계절에 대해 말할 때 • 269

**10 시간과 연월일에 대해서** ･････ **272**
    1. 시각을 물을 때 • 272
    2. 시각에 대해 답할 때 • 273
    3. 시간에 대해 묻고 답할 때 • 275
    4. 연월일에 대해 말할 때 • 276

**11 이·미용과 세탁에 대해서** ･････ **279**
    1. 이발소에서 • 279
    2. 미용실에서 • 281
    3. 세탁소에서 • 283

**12 음주와 흡연에 대해서** ･････ **285**
    1. 술을 권할 때 • 285
    2. 건배를 할 때 • 286
    3. 술을 마시면서 • 287
    4. 주량에 대해 말할 때 • 289
    5. 금주에 대해 말할 때 • 290
    6. 담배에 대해 말할 때 • 291

    7. 흡연을 허락받을 때 • 292
    8. 금연에 대해 말할 때 • 293

## PART 6 통신과 교통

**01 전화를 걸고 받을 때** ･････ **296**
    1. 전화를 걸기 전에 • 296
    2. 전화를 걸 때 • 297
    3. 전화가 걸려왔을 때 • 299
    4. 전화를 받을 때 • 300
    5. 전화를 바꿔줄 때 • 301
    6. 국제전화를 걸 때 • 302
    7. 교환을 이용할 때 • 303

**02 전화통화와 트러블** ･････ **305**
    1. 메시지를 받을 때 • 305
    2. 메시지를 부탁할 때 • 306
    3. 전화 받을 상대가 없을 때 • 307
    4. 잘못 걸려온 전화를 받았을 때 • 309

**03 우체국을 이용할 때** ･････ **311**
    1. 우체국에 대해 물을 때 • 311
    2. 편지를 부칠 때 • 313
    3. 소포를 부칠 때 • 314

**04 은행을 이용할 때** ･････ **316**
    1. 은행을 찾을 때 • 316
    2. 환전을 할 때 • 317
    3. 잔돈을 바꿀 때 • 318
    4. 계좌를 개설할 때 • 318
    5. 예금·송금할 때 • 319

**05 길을 묻고 답할 때** ･････ **320**
    1. 길을 물을 때 • 320
    2. 시간과 거리를 물을 때 • 322
    3. 길을 가리켜줄 때 • 323
    4. 자신도 길을 모를 때 • 325

5. 길을 잃었을 때 • 326

**06 대중교통을 이용할 때** · · · · · **328**
　　1. 택시를 타기 전에 • 328
　　2. 택시를 탔을 때 • 330
　　3. 택시에서 내릴 때 • 331
　　4. 시내버스를 이용할 때 • 333
　　5. 고속버스를 이용할 때 • 335
　　6. 관광버스를 이용할 때 • 336
　　7. 지하철역과 출입구를 찾을 때 • 337
　　8. 타고자 하는 지하철을 물을 때 • 338
　　9. 지하철표를 살 때 • 338
　　10. 지하철을 탔을 때 • 339
　　11. 열차표를 살 때 • 340
　　12. 열차를 타기 전에 • 342
　　13. 열차 안에서 • 343
　　14. 국내선 비행기를 이용할 때 • 345

**07 자동차를 운전할 때** · · · · · **348**
　　1. 렌터카를 이용할 때 • 348
　　2. 차종을 고를 때 • 349
　　3. 렌터카 요금과 보험 • 350
　　4. 운전하면서 길을 물을 때 • 351
　　5. 자동차 안에서 • 352
　　6. 주차를 할 때 • 354
　　7. 주유와 세차를 할 때 • 355
　　8. 자동차가 고장 났을 때 • 356
　　9. 교통위반을 했을 때 • 358

**PART 7 여행과 출장**

**01 출국 비행기 안에서** · · · · · **360**
　　1. 좌석을 찾을 때 • 360
　　2. 기내 서비스를 받을 때 • 362
　　3. 기내 식사를 할 때 • 363
　　4. 입국카드를 작성할 때 • 363
　　5. 기내 면세품을 구입할 때 • 364

　　6. 몸이 불편할 때 • 365
　　7. 통과·환승할 때 • 365

**02 공항에 도착해서** · · · · · **367**
　　1. 입국수속을 밟을 때 • 367
　　2. 짐을 찾을 때 • 369
　　3. 세관을 통과할 때 • 370
　　4. 공항의 관광안내소에서 • 372
　　5. 포터를 이용할 때 • 373

**03 호텔을 이용할 때** · · · · · **374**
　　1. 호텔을 찾을 때 • 374
　　2. 전화로 호텔을 예약할 때 • 375
　　3. 체크인할 때 • 377
　　4. 방을 확인할 때 • 379
　　5. 체크인 트러블 • 380
　　6. 룸서비스 • 381
　　7. 외출과 호텔 시설을 이용할 때 • 382
　　8. 호텔 이용에 관한 트러블 • 384
　　9. 체크아웃을 준비할 때 • 386
　　10. 체크아웃할 때 • 387
　　11. 계산을 할 때 • 388

**04 식당을 이용할 때** · · · · · **390**
　　1. 식당을 찾을 때 • 390
　　2. 식당을 예약할 때 • 392
　　3. 식당에 들어설 때 • 393
　　4. 음식을 주문받을 때 • 394
　　5. 음식을 주문할 때 • 395
　　6. 먹는 법과 재료를 물을 때 • 396
　　7. 필요한 것을 부탁할 때 • 397
　　8. 주문에 문제가 있을 때 • 398
　　9. 음식에 문제가 있을 때 • 399
　　10. 주문을 바꾸거나 취소할 때 • 400
　　11. 식사를 마칠 때 • 401
　　12. 디저트를 주문할 때 • 402
　　13. 식비를 계산할 때 • 403

14. 패스트푸드점에서 • 404

**05 관광을 할 때** · · · · · · · · · · 406
    1. 관광안내소에서 • 406
    2. 투어를 이용할 때 • 408
    3. 관광버스 안에서 • 410
    4. 입장료를 구입할 때 • 412
    5. 관광지에서 • 413
    6. 관람을 할 때 • 414
    7. 사진촬영을 허락받을 때 • 416

# 영어 발음 특훈
English Conversation for Beginners

영어 발음은 한국어의 발음체계와 달라서 알아듣기도 힘들지만 말하기도 결코 쉽지가 않습니다. 가령 외국인을 만났을 때 꼭 필요한 단어로도 의사소통이 가능하며, 몸짓, 발짓 따위의 제스처로도 어느 정도 통할 수 있지만, 적어도 발음만큼은 극복해야 원활한 커뮤니케이션이 가능합니다. 영어와 우리말의 가장 큰 차이점은 말의 순서에 있다는 사실을 잊지 말고, 또한 발음이 통해야 의사소통이 원활하게 된다는 점을 명심하길 바랍니다.

## 1. 악센트

누구나 「영어의 악센트(accent)는 항상 모음에 온다」는 사실을 알고 있을 것이며, 또한 《모음(vowel sound)의 음운변화》에 의해 나타나는 리듬, 인토네이션, 음의 변화현상, 음의 축약현상 따위에 유의해야 한다.

- 내용어(강형):명사, 동사, 형용사, 부사, 의문사, 수사, 감탄사 등
- 기능어(약형):be동사, 조동사, 전치사, 인칭 대명사, 관사, 접속사, 관계사 등

## 2. 리듬

영어의 리듬은 앞에서 제시한 내용어와 기능어의 차이에 의해 강약이 다르게 나타나므로 대체로 자신이 강조해야 하는 내용어에는 강하고 분명하게 발음하며, 문법적 요소로 등장하는 기능어는 다소 빠르고 약하게(짧게) 발음하면 된다.

영어 리듬을 마스터하는 포인트를 정리해 보자.

① 강약을 분명하게 구분하라
강의 부분은 두드러지게 발음하여 강약의 차이를 둔다.

② 스피드를 컨트롤하라
얘기 중에 빨리 지나칠 부분은 빨리 발음하고, 천천히 얘기할 곳은 쉬듯이 얘기한다. 절대로 전부 빨리 말하려고 하면 안 된다.

③ 약형(弱形)의 발음을 억제하라
자기 마음대로 모호하게 발음하는 것이 아니라 강형의 정확한 발음을 익혀둔다.

### 3. 말의 속도(스피드)
한국인에게 가장 약한 부분이 바로 발음인데 네이티브의 발음속도에 어느 정도 적응하느냐?가 관건이다. 발음에 있어서 스피드의 변화를 가져오는 주된 요인으로는 강세와 리듬을 꼽을 수 있는데 그것보다도 강세 사이의 약음이 많을수록 그곳의 발음이 약해지고, 또한 스피드도 빨라짐으로써 우리가 네이티브의 발음을 알아듣기 힘들게 된다.
대부분의 기능어가 약음화되어 불분명하고 애매모호한 음으로 들리게 되므로 약형으로 처리되는 곳에서의 발음 현상에 얼마나 빨리 적응할 것이며, 또한 이에 대한 대처 능력을 기를 것인가?가 급선무이다.


### 4. 발음 규칙
영어 발음은 크게 음의 변화 현상, 약음화 현상, 축약 현상으로 대별되는데 발음 규칙은 억양(인토네이션; intonation)에 의한 생동감 있는 리듬에 초점을 두어야 한다.

① 리듬
영어는 강약의 차이와 더불어 어휘를 서로 붙여 말하므로 영어 특유의 리듬이 생긴다.
- □ He told me that there was an accident.
   (히 톨드 미 댓 데어뤄즈 언 액씨던트)

② 인토네이션(억양)

영어는 인토네이션 언어라고 불리며, 한국어에는 없는 복잡한 인토네이션이 사용된다.

- Yes.( ↘ )   Yes.( ↗ )   Yes.( ↘↗ )   Yes.( ↘↗ )   *Ya!
- No.( ↘ )   No.( ↗ )   No.( ↘↗ )   No.( ↘↗ )   *Nope!
- Please!( ↘ )   Please!( ↗ )   Please!( ↘↗ )   Please!( ↘↗ )

★ 이러한 표현은 상황에 따라 달리 표현되며, 또한 억양에 의해 의미가 달라진다.

③ 연음

단어가 서로 매끄럽게 연결되려는 현상이다.

- Will you top it up? [타피럽]

④ 동화

모음 사이에 자음이 올 경우 음이 달라지는 현상이다.

- Nice to meet you. [미츄]

⑤ 단축형

is, has, will, not 등이 다른 단어에 대하여 단축형이 되는 경우 음이 달라진다.

- I knew you'd come. [you had/would]

⑥ 파열음의 소실

파열음이 있어도 실제로는 파열이 일어나지 않는 경우가 있다.

- They all kept quiet. [켑 콰이엇]

⑦ 음의 탈락(축약/생략)

모음이나 자음의 발음이 발음의 편리성에 의해 생략되거나 탈락하는 현상이 나타난다.

- camera [캐머러] / next week [넥스윅]

⑧ 자음의 중첩
한국어와 달리 모음이 들어가지 않고 자음만 연결되는 경우가 많다.
   □ The child is clever.

⑨ 모음·자음의 발음
구별하기 어려운 발음이 있다.
   □ heart[하트] / hurt[헛]
   □ bees[비즈] / beads[비(ㄷ)즈]
   □ fly[플라이] / fry[프라이]

English Conversation for Beginner

## part 1

## 자연스런 만남

01. 일상적인 만남의 인사
02. 소개할 때의 인사
03. 헤어질 때의 인사

......

"How are you?(어떠세요?)" "Fine. Thanks. And you?(예, 잘 지냅니다. 물어봐 주셔서 감사합니다. 당신은요?)" "Fine.(예, 저도 잘 지냅니다.)" "Good.(좋네요.)" 미국에서 웬만큼 친숙한 사이라면 이 네 가지 인사법에 익숙해져 있답니다. 「안녕하세요?」「예, 안녕하십니까?」와 같은 두세 마디 인사법이 통하는 나라에서 온 사람들로서는 성가신 일이지만, 관심을 갖고 물어보는 데 묵묵부답으로 대처할 수는 없는 노릇입니다.

English Conversation for Beginners

# Chapter 01 일상적인 만남의 인사

Good morning, Good afternoon, good evening, good night을 사용하는 시간대는 확실히 정해져 있는 것은 아니므로 오전, 오후, 저녁, 밤으로 나누어 사용하면 됩니다.

친구들과 인사를 나눌 때는 How are you doing?(잘 지내니?)라는 표현을 많이 사용합니다. 이에 대한 응답으로는 I'm doing all right.(잘 지내.), 또는 I feel great.(기분이 최고야.)라고 합니다. 또한 Hi!나 Hello!는 언제어디서나 쉽고 편리하게 쓸 수 있는 아주 유용한 표현입니다.

## Unit 1 일상적인 인사를 할 때

0001
□ 안녕!
**Hi!**
하이
*구어에서는 Howdy! 또는 Hiya!라는 표현도 많이 쓰인다.

0002
□ 안녕하세요!
**Hello!**
헬로우

## part 1 자연스런 만남

**0003** 안녕하세요! (아침 인사)
**Good morning!**
굿 모닝

**0004** 안녕하세요! (낮 인사)
**Good afternoon!**
굿 앱터눈

**0005** 안녕하세요! (밤 인사)
**Good evening!**
굿 이브닝

**0006** 잘 있었니. (친한 사람끼리)
**Hi, there!**
하이 데어

**0007** 휴일 잘 보내셨어요?
**Did you have a nice holiday?**
디쥬 해버 나이스 할러데이

**0008** 지난 주말은 어떻게 보내셨어요?
**What did you do last weekend?**
왓 디쥬 두 라슷 위켄-

**0009** 무슨 좋은 일 있으세요?
**Do you get some good news?**
두 유 겟 썸 굿 뉴즈

19

☐ 날씨 참 좋죠?
0010
**(It's) Beautiful weather, isn't it?**
잇스　뷰우터펄 웨더　　　　　이즌닛
*위의 표현은 It's a nice day, isn't it?로 바꿔 말할 수 있다.

## Unit 2　우연히 만났을 때

☐ 아니 이게 누구세요!
0011
**Look who's here!**
룩 후즈 히어

☐ 세상 정말 좁군요.
0012
**What a small world!**
와러 스몰 월드

☐ 여기서 당신을 만나다니 뜻밖이군요.
0013
**It's a pleasant surprise to see you here.**
잇쳐 플레즌트 서프라이즈 투 씨 유 히어

☐ 이곳에서 당신을 보리라곤 생각도 못했어요.
0014
**I didn't expect to see you here.**
아이 디든 익스펙투 씨 유 히어

☐ 그렇지 않아도 너를 만나고 싶었었는데.
0015
**You're just the man I wanted to see.**
유어 저숫 더 맨 아이 원팃 투 씨

20

☐ 여기에 어쩐 일로 오셨어요? (용무를 물어볼 때)
0016 **What brings you here?**
왓 브링스 유 히어

☐ 우리 전에 만난 적이 있지 않습니까?
0017 **We've met before, right?**
위브 멧 비풔                     롸잇
*위의 표현은 Haven't we met somewhere before? 또는 Don't know you from somewhere?로 바꿔 말할 수 있다.

## Unit 3  안녕을 물을 때

☐ 어떻게 지내세요?
0018 **How are you doing?**
하- 아유 두잉

☐ 안녕, 어떻게 지내니?
0019 **Hi, how are you?**
하이 하- 아유

☐ 별일 없으세요?
0020 **Anything new?**
에니씽 뉴
*위의 표현과 유사한 것으로는 What's up? / What's wrong? / What's going on? / What's the matter? / What happened?/What's new? 등이 있다.

part 1 자연스런 만남

21

0021 오늘은 좀 어떠세요?
**How do you feel today?**
하우 두 유 휠 투데이

0022 오늘 재미가 어떠세요?
**How's your day going?**
하우즈 유어 데이 고잉

0023 어떻게 지내셨어요?
**How have you been doing?**
하우 해뷰 빈 두잉

0024 일은 좀 순조롭게 진행되어 가나요?
**Are you making any progress?**
아유 메이킹 에니 프라그러스

*유사한 표현으로 How's everything? /How's business? (잘 돼가나요?) 따위가 있다.

0025 새로 하시는 일은 어때요?
**How's your new job?**
하우즈 유어 뉴 잡

## Unit 4    오랜만에 만났을 때

**0026** 오랜만입니다.
**Long time no see.**
롱 타임 노 씨

**0027** 여전하군요.
**You haven't changed at all.**
유 해븐 체인쥐드 애롤

**0028** 참 오랜만이군요.
**You've been quite a stranger.**
유브 빈 콰잇러 스트레인져

**0029** 몇 년 만에 뵙는군요.
**I haven't seen you in years.**
아이 해븐 씬 유 인 이어즈

**0030** 오, 김 선생님, 정말 오랜만이군요.
**Oh, Mr. Kim! Haven't seen you for a long time.**
오   미스터 킴   해븐 씬 유 훠러 롱 타임

**0031** 세월 참 빠르군요.
**Time flies.**
타임 훌라이즈

**0032** 보고 싶었어요.
**I've missed you.**
아이브 미스트 유

☐ 별고 없으십니까?
0033 **What's new?**
왓스 뉴

☐ 다시 만나서 반갑습니다.
0034 **It's good to see you again.**
잇스 굿 투 씨 유 어게인
*위의 표현은 Nice to meet you again. 으로 바꿔 말할 수 있다.

☐ 요즘 당신 보기 힘들군요.
0035 **I haven't seen much of you lately.**
아이 해븐 씬 마취 어(브) 레잇리

☐ 그냥 인사하려고 들렀어요.
0036 **I just stopped by to say hello.**
아이 저슷 스탑트 바이 투 쎄이 헬로우

☐ 여기서 당신을 보리라곤 기대하지 않았습니다.
0037 **I didn't expect to see you here.**
아이 디든 엑스펙투 씨 유 히어

## Unit 5 | 안부를 묻고 답할 때

☐ 가족들은 안녕하신지요?
0038 **How's your family?**
하우즈 유어 훼멀리

☐ 가족들은 모두 잘 있습니까?
0039 **How's everybody at your house?**
하우즈 에브리바디 앳 유어 하우스

☐ 부모님께서는 평안하신지요?
0040 **How are your parents?**
하우 아 유어 페어런츠

☐ 모두들 잘 지내시는지요?
0041 **How's everyone getting along?**
하우즈 에브리원 게링 얼롱

☐ 밀러 씨가 당신 안부를 전하더군요.
0042 **Mr. Miller asked me to give his regards to you.**
미스터 밀러 에스크트 미 투 깁 히즈 리가즈 투 유

☐ 존은 어떻게 됐어요?
0043 **What happened to John?**
와래픈드 투 쟌

☐ 그는 어떻게 지내고 있지요?
0044 **How's he getting along these days?**
하우즈 히 게링 얼롱 디즈 데이즈

☐ 가족들에게 안부 좀 전해 주세요.
0045 **Please give my regards to your family.**
플리즈 깁 마이 리가즈 투 유어 훼멀리

part 1

자연스런 만남

# Chapter 02 소개할 때의 인사

터놓고 지내도 좋은 분위기라면 Hello. Nice to meet you. 정도로 처음 만나는 사람과 금방 서로 친하게 됩니다. 「잘 부탁합니다.」가 영어에서는 「만나서 반갑습니다.」라는 표현이 되도록 영어다운 발상에 주의하면서 영어 회화를 몸에 익히도록 합시다.

소개할 때 우선순위는 원칙적으로 먼저 남성을 여성에게, 여성끼리인 경우에는 연상의 여성을 연하의 여성에게 소개합니다. 다만, 직장에서는 반드시 이 원칙을 지키지 않아도 됩니다.

## Unit 1 처음 만났을 때

☐ 처음 뵙겠습니다.
0046
**How do you do?**
하우 두 유 두

☐ 만나서 반갑습니다.
0047
**Nice to meet you.**
나이스 투 밋츄
*nice는 pleased 또는 glad로 바꿔 말할 수 있다.

☐ 알게 되어 기쁩니다.
0048 **I'm glad to know you.**
암 글래드 투 노우 유

☐ 만나뵙게 되어 대단히 반갑습니다.
0049 **I'm very glad to meet you.**
암 베리 글래드 투 밋츄

☐ 만나뵙게 되어 영광입니다.
0050 **I'm honored to meet you.**
암 아너드 투 밋츄

☐ 제가 오히려 반갑습니다.
0051 **The pleasure is mine.**
더 플레져 이즈 마인
\*위의 표현은 간단히 (It's) My pleasure.라고도 한다.

## Unit 2  자신을 소개할 때

☐ 제 소개를 할까요?
0052 **May I introduce myself?**
메아이 인트러듀스 마이셀흐
\*유사한 표현으로 Let me introduce myself. (제 소개를 할게요.)라고도 한다.

☐ 제 소개를 하도록 하겠습니다.
0053 **Perhaps I should introduce myself.**
퍼햅스 아이 슈드 인트러듀스 마이셀흐

☐ 처음 뵙겠습니다. 김민호입니다.
0054 **How do you do? My name is Min-ho Kim.**
하우 두 유 두　　　　마이 네임 이즈 민호 김

☐ 저는 부모님과 함께 살고 있습니다.
0055 **I live with my parents.**
아이 리브 윗 마이 페어런츠

☐ 전 장남입니다.
0056 **I'm the oldest son.**
암 더 올디스트 썬

☐ 전 맏딸입니다.
0057 **I'm the oldest daughter.**
암 디 올디스트 도-러

☐ 전 독신입니다.
0058 **I'm single.**
암 씽글
*기혼일 경우에는 I'm married.라고 표현한다.

## Unit 3 소개시킬 때

part 1 자연스런 만남

0059
☐ 두 분이 서로 인사 나누셨습니까?
**Have you met each other?**
해뷰 멧 이취 아더

0060
☐ 미스터 김, 밀러 씨하고 인사 나누세요.
**Mr. Kim, meet Mr. Miller.**
미스터 킴    밋 미스터 밀러

0061
☐ 이쪽은 제 동료인 토마스 씨입니다.
**This is a colleague of mine, Mr. Thomas.**
디씨저 칼리그 옵 마인        미스터 토마스

0062
☐ 제 친구 미스터 존슨을 소개하겠습니다.
**Let me introduce my friend, Mr. Johnson.**
렛 미 인트러듀스 마이 후랜드        미스터 쟌슨

0063
☐ 미스터 존슨이 당신에 대해 자주 말씀하셨습니다.
**Mr. Johnson often speaks of you.**
미스터 쟌슨 오픈 스픽스 어뷰

0064
☐ 오래 전부터 한번 찾아뵙고 싶었습니다.
**I've been wanting to see you for a long time.**
아이브 빈 원팅 투 씨 유 훠러 롱 타임

29

0065 전에 한번 뵌 적이 있는 것 같습니다.
**I think I've seen you before.**
아이 씽 아이브 씬 유 비훠

*유사한 표현으로 Haven't we met somewhere? (어딘가에서 만난 적이 없습니까?)가 많이 사용된다.

0066 저 사람이 바로 당신이 말하던 그 사람입니까?
**Is that the man you told me about?**
이즈 댓 더 맨 유 톨드 미 어바웃

## Unit 4  그밖에 소개에 관한 표현

0067 서로 좋은 친구가 되었으면 합니다.
**I hope we become good friends.**
아이 홉 위 비컴 굿 프랜즈

0068 말씀 많이 들었습니다.
**I've heard so much about you.**
아이브 허드 쏘 마취 어바웃츄
*I've heard a lot about you.

0069 만나 뵙고 싶었습니다.
**I wanted to see you.**
아 원티드 투 씨 유

0070 이건 제 명함입니다.
**This is my business card.**
디씨즈 마이 비즈니스 카드

0071 명함 한 장 주시겠어요?
**May I have your business card?**
메아이 해뷰어 비즈니스 카드

0072 만나서 매우 반가웠습니다.
**(I was very) glad to meet you.**
(아이 워즈 배리)  글래드 투 밋츄
*Nice meeting you

0073 어디서 오셨습니까(고향이 어디십니까)?
**Where are you from?**
웨어라유 후럼
*Where do you come from?

0074 국적이 어디시죠(어느 나라 분이십니까)?
**What's your nationality?**
왓츄어 내셔낼러티

# Chapter 03 헤어질 때의 인사

금방 돌아올 테니 기다려 달라고 할 때나 그 날 다시 만날 때는, I'll be right back.(금방 돌아오겠습니다.), See you later.(그럼 이따 봐요.), 다음 주에 만나기로 약속한 경우에는 So long. See you next Monday.(잘 가요, 다음 주 월요일에 다시 봐요.)라고 하며 Next Monday를 강하게 말합니다. 마지막으로 Take it easy!를 덧붙이면 멋진 회화가 됩니다. 또, 가까운 시일 내에 만나고 싶을 때는 When can we meet again?(언제 다시 만날 수 있을까요?)라고 하면 됩니다.

## Unit 1 밤에 헤어질 때

0075
☐ 잘 자요!
**Good night!**
굿 나잇

0076
☐ 안녕히 주무세요!
**Have a good night!**
해버 굿 나잇

☐ 좋은 꿈꾸세요!
0077 **Sweet dreams!**
스윗 드림스

## Unit 2 | 기본적인 작별 인사

☐ 안녕.
0078 **Bye.**
바이

☐ 안녕히 가세요.
0079 **Good bye.**
굿바이

☐ 다음에 뵙겠습니다.
0080 **See you later.**
씨 유 래이러

☐ 그럼, 이만.
0081 **So long.**
쏘 롱

☐ 또 봅시다.
0082 **I'll be seeing you!**
알 비 씽 유

part 1 자연스런 만남

33

0083 다음에 또 봅시다.
**I'll see you later!**
알 씨 유 래이러

0084 그래요. 그럼 그 때 뵙겠습니다.
**O.K. I'll see you then.**
오케이 알 씨 유 덴

0085 재미있는 시간 보내세요.
**Have a good time.**
해버 굿 타임

0086 안녕히 계세요(살펴 가세요).
**Take care.**
테익 케어

0087 잘 가세요(몸조심 하세요).
**Take care of yourself.**
테익 케어롭 유어셀프
*Take it easy.

0088 재미있게 보내!
**Enjoy yourself!**
엔조이 유어셀흐

0089 즐겁게 보내게!
**Have fun!**
해브 훤

34

0090 만나서 반가웠어요.
**(It was) Nice meeting you!**
(잇 워즈) 나이스 미팅 유

0091 좀더 자주 만납시다.
**Let's meet more often.**
렛스 밋 모어 오픈

0092 일찍 돌아오세요.
**Please be back soon.**
플리즈 비 백 쑨

0093 살펴 가세요.
**Take it easy!**
테이킷 이지

0094 그럼 거기서 봅시다.
**See you there, then.**
씨 유 데어 덴

0095 좋아요, 그럼 그때 봐요.
**OK. I'll see you then.**
오케이 아일 씨 유 덴

0096 조만 간에 한번 만납시다.
**Let's get together soon.**
렛스 겟 투게더 쑨

**Unit 3**  방문을 마칠 때

☐ 가봐야겠어요.
0097 **I guess I'll leave.**
아이 게쓰 아윌 리브

☐ 떠나려고 하니 아쉽습니다.
0098 **I'm sorry that I have to go.**
암 쏘리 댓 아이 해브 투 고

☐ 그럼, 저 가볼게요.
0099 **Well, I'd better be on my way.**
웰    아이드 배러 비 온 마이 웨이

☐ 가봐야 할 것 같네요.
0100 **(I'm afraid) I have to go now.**
(암 어후레이드)   아이 해브 투 고 나우

☐ 이제 일어서는 게 좋을 것 같네요.
0101 **I'm afraid I'd better be leaving.**
암 어후레이드 아이드 배러 비 리빙

☐ 너무 늦은 것 같군요.
0102 **I'm afraid I stayed too long.**
암 어후레이드 아이 스테이드 투 롱

0103 이제 가봐야겠습니다.
**I must be going now.**
아이 머슷 비 고잉 나우

0104 미안하지만, 제가 좀 급합니다.
**I'm sorry, but I'm in a hurry.**
암 쏘리    벗 암 이너 허리

0105 아, 벌써 아홉 시입니까? 가봐야겠네요.
**Oh, is it 9 already? I must go.**
오   이짓 나인 올레디    아이 머슷 고

0106 미안합니다. 이제 일어서야 할 것 같아요.
**I'm sorry, but I've got to be on my way.**
암 쏘리      벗 아이브 가러 비 온 마이 웨이

0107 정말로 식사 잘 했습니다.
**I really enjoyed the meal.**
아이 릴리 인죠이드 더 밀

0108 오늘 저녁 정말 즐거웠습니다.
**I really had a pleasant evening.**
아이 릴리 해더 플레즌트 이브닝

0109 멋진 파티 정말 고맙게 생각해요.
**Thank you very much for a wonderful party.**
탱큐 베리 마취 훠러 원더훨 파티

37

0110 그럼, 다음에 뵐게요. 안녕히 계세요.
**Well, see you later. Good bye.**
웰    씨 유 래이러    굿 바이

## Unit 4 | 주인으로서의 작별 인사

0111 방문해 주셔서 고맙습니다.
**Thank you for coming.**
땡큐 훠 커밍

0112 좀더 계시다 가시면 안 돼요?
**Can't you stay a little longer?**
캐앤 유 스테이 어 리를 롱어

0113 지금 가신다는 말입니까?
**Do you mean you're going now?**
두 유 민 유어 고잉 나우

0114 저녁 드시고 가시지 않으시겠어요?
**Won't you stay for dinner?**
원츄 스테이 훠 디너

0115 오늘밤 재미있었어요?
**Did you have fun tonight?**
디쥬 해브 훤 투나잇

0116 오늘 즐거우셨어요?
**Did you have a good time today?**
디쥬 해버 굿 타임 투데이

0117 다시 만날 수 있을까요?
**Can we meet again?**
캔위 밋 어게인

0118 또 오세요.
**Come again.**
컴 어게인

0119 제가 바래다 드릴까요? (자동차로)
**Can I give you a lift?**
캔 아이 기뷰어 립트
*Thanks for the lift. (태워줘서 감사드립니다.)

0120 가끔 전화 주세요.
**Please call me any time.**
플리즈 콜 미 에니 타임

0121 거기에 도착하시는 대로 저한테 전화 주세요.
**Phone me as soon as you get there.**
폰 미 애즈 쑨 애즈 유 겟 데어

## Unit 5  안부를 전할 때

☐ 당신 아내에게 안부 좀 전해 주세요.
0122 **Please give my regards to your wife.**
플리즈 깁 마이 리가즈 투 유어 와입
*Say hello to your family(parents)?

☐ 당신 가족에게 제 안부 좀 전해 주세요.
0123 **Say hello to your family for me.**
세이 헬로우 투 유어 훼멀리 훠 미

☐ 가족들에게 안부 부탁합니다.
0124 **Send my regards to your family.**
샌드 마이 리가즈 투 유어 훼멀리

## Unit 6  전송할 때

☐ 잘 다녀오세요. 멋진 여행이 되길 바랍니다.
0125 **Good-bye. I hope you have a nice trip.**
굿바이     아이 호퓨 해버 나이스 트립

☐ 안녕히. 재미있게 지내세요.
0126 **Good-bye. Have a nice time.**
굿바이     해버 나이스 타임

0127 여행을 즐기시길 바랍니다.
**Enjoy your trip.**
엔조이 유어 트립

0128 빨리 돌아와. 네가 보고 싶을 거야.
**Please come back soon. I'll miss you.**
플리즈 컴 백 쑨   알 미슈

English Conversation for Beginner

## part 2

## 세련된 교제

01. 고마움을 나타낼 때
02. 사죄·사과를 할 때
03. 축하와 환영을 할 때
04. 초대를 할 때
05. 방문을 할 때
06. 약속을 할 때
07. 식사를 제의할 때

외국인과 세련되고 예의바른 교제를 원한다면 이 장에서 소개되는 감사, 사죄, 방문 등의 표현을 잘 익혀두어야 합니다. 방문은 상대방과의 경계를 조금 누그러뜨리고, 서로의 교제를 깊게 하는데 큰 역할을 합니다. 상대방에게 친밀감을 느낄 수 있는 경우는 많이 있겠지만, 방문도 그 중 하나로 친밀감을 느낄 수 있는 가장 자연스러운 계기가 될 수 있습니다.

# Chapter 01 고마움을 나타낼 때

「~해 줘서 고마워요」라고 감사의 내용을 전할 경우에는 Thank you for~를 사용하면 편리합니다. 예를 다음과 같이 사용합니다. Thank you for your help.(도와줘서 고마워요.) Thank you for the invitation.(초대해 줘서 고마워요.)
감사의 말을 들었을 때 응답으로는 Not at all./Don't mention it.이 있지만, That's all right./Don't worry. 등도 기억해 둡시다.

## Unit 1  기본적인 감사의 표현

☐ 감사합니다.
0129
**Thank you. / Thanks.**
땡큐          땡스

☐ 대단히 감사합니다.
0130
**Thanks a lot.**
땡스 어랏

☐ 진심으로 감사드립니다.
0131
**I heartily thank you.**
아이 하트리 땡큐

☐ 여러모로 감사드립니다.
0132
**Thank you for everything.**
땡큐 풔 에브리씽

☐ 어떻게 감사를 드려야 할지 모르겠어요.
0133
**How can I ever thank you?**
하우 캔 아이 에버 땡큐

☐ 얼마나 감사한지 모르겠어요.
0134
**I can never thank you enough.**
아이 캔 네버 땡큐 이넙

### Unit 2 | 고마움을 나타낼 때

☐ 어쨌든 감사합니다.
0135
**Thank you anyway.**
땡큐 에니웨이

☐ 큰 도움이 되었어요.
0136
**You've been a great help.**
유브 비너 그레잇 핼프

☐ 정말 감사드립니다.
0137
**I appreciate it very much.**
아이 어프리쉬에이릿 베리 마취

0138 ☐ 김, 제가 큰 은혜를 입었습니다.
**You're doing me a big favor, Kim.**
유어 두잉 미 어 빅 훼이버　　　　　　　킴

0139 ☐ 고맙습니다.
**I'd appreciate it.**
아이드 어프리쉬에이릿

0140 ☐ 가르쳐 줘서(조언을 해 줘서) 감사합니다.
**Thank you for the tip(your advice).**
땡큐 훠 더 팁 (유어 어드바이스)

0141 ☐ 도와 주셔서 감사드립니다.
**Thank you very much for helping me.**
땡큐 베리 마취 훠 헬핑 미

0142 ☐ 태워다 주셔서 감사합니다.
**Thank you for giving me a lift.**
땡큐 훠 기빙 미 어 리흐트

0143 ☐ 도와 주셔서 감사합니다.
**Thank you for your help.**
땡큐 훠 유어 헬프

## Unit 3   배려에 대한 고마움을 나타낼 때

0144 ☐ 그렇게 말씀해 주시니 고맙습니다.
**It's very nice of you to say so.**
잇스 배리 나이스 어뷰 투 세이 쏘

0145 ☐ 고맙습니다. 그거 좋지요.
**Thank you, I'd like that.**
땡큐       아이드 라익 댓

0146 ☐ 환대에 감사드립니다.
**Thank you for your hospitality.**
땡큐 훠 유어 하스피텔러티

0147 ☐ 친절을 베풀어 주셔서 감사합니다.
**Thank you for kindness.**
땡큐 훠 카인니스

0148 ☐ 여러모로 고려해 주셔서 정말 고맙게 생각합니다.
**I appreciate your consideration.**
아이 어프리쉬에잇 유어 컨시더레이션

0149 ☐ 보답해 드릴 수 있었으면 좋겠어요.
**I hope I can repay you for it.**
아이 호파이 캔 리패이 유 훠릿

47

0150 □ 덕분에 저녁 시간 재미있었습니다.
**Thank you very much for a nice evening.**
땡큐 베리 마취 훠러 나이스 이브닝

0151 □ 동반해 주셔서 즐겁습니다.
**I enjoy your company.**
아이 인죠이 유어 컴퍼니

0152 □ 당신 덕분에 오늘 정말 재미있게 보냈습니다.
**I had a wonderful time being with you.**
아이 해더 원더훨 타임 빙 위(드)유

0153 □ 저희와 함께 시간을 보내 주셔서 감사합니다.
**I appreciate your spending time with us.**
아이 어프리쉬에잇 유어 스펜딩 타임 위더스

0154 □ 걱정해 주셔서 고맙습니다.
**Thank you for your concern.**
땡큐 훠 유어 컨선

## Unit 4 | 감사의 선물을 줄 때

0155 □ 자, 선물 받으세요.
**Here's something for you.**
히어즈 썸씽 훠 유
*This is for you. 여기 선물요.(당신 선물입니다.)

48

☐ 당신에게 드리려고 뭘 사왔어요.
0156 **I bought something for you.**
아이 보트 썸씽 훠 유

☐ 당신에게 줄 조그만 선물입니다.
0157 **I have a small gift for you.**
아이 해버 스몰 깁트 훠 유

☐ 이 선물은 제가 직접 만든 거예요.
0158 **This gift is something I made myself.**
디스 깁트 이즈 썸씽 아이 메이드 마이셀흐

☐ 대단치 않지만 마음에 들었으면 합니다.
0159 **It isn't much but I hope you like it.**
잇 이즌 마취 버라이 호퓨 라이킷

☐ 보잘것없는 것이지만 받아 주십시오.
0160 **Kindly accept this little trifle.**
카인드리 억셉 디스 리틀 트라이휠
\*little trifle 약소하다, 하찮다, 시시하다

## Unit 5 　감사의 선물을 받을 때

☐ 이건 바로 제가 갖고 싶었던 거예요.
0161 **This is just what I wanted.**
디씨즈 저슷 와라이 원티드

part 2 세련된 교제

☐ 당신은 정말 사려가 깊으시군요.
0162
**How thoughtful of you!**
하우 쏘웃휠 어뷰

☐ 무엇 때문이죠?
0163
**What for?**
왓 훠

☐ 당신의 선물을 무엇으로 보답하죠?
0164
**What shall I give you in return for your present?**
왓 셸 아이 기뷰 인 리턴 훠 유어 프레즌트

☐ 훌륭한 선물을 주셔서 대단히 고맙습니다.
0165
**Thank you very much for your nice present.**
땡큐 베리 마취 훠 유어 나이스 프레즌트

## Unit 6 | 감사 표시에 대해 응답할 때

☐ 천만에요.
0166
**You're welcome.**
유어 웰컴

☐ 천만에요. (강조)
0167
**You're more than welcome.**
유어 모어 덴 웰컴

0168 원 별말씀을요(천만의 말씀입니다).
**Don't mention it.**
돈 맨셔닛

0169 그렇게 말씀해 주시니 고맙습니다.
**It's very nice of you to say so.**
잇스 베리 나이스 어뷰 투 쎄이 쏘

0170 제가 오히려 고맙죠.
**It was my pleasure.**
잇 워즈 마이 플레져

0171 제가 오히려 즐거웠습니다.
**The pleasure's all mine.**
더 플레져스 올 마인

0172 대단한 일도 아닙니다(별 것 아닙니다).
**No big deal.**
노 빅 딜

0173 그것은 아무것도 아닙니다.
**It's nothing.**
잇스 낫씽

0174 나한테 감사할 것까지는 없습니다.
**No need to thank me.**
노 니드 투 쌩크 미

0175 이젠 괜찮습니다. 고맙습니다.
**I'm all right now. Thank you.**
암 올 롸잇 나우   땡큐

0176 맛있게 드셨다니 다행입니다.
**I'm glad you enjoyed it.**
암 글래쥬 인죠이딧

0177 수고랄 게 있나요. 제가 좋아서 한 건데요.
**It was no trouble at all. It's my pleasure.**
잇 워즈 노 츠러블 앳올   잇스 마이 플레져

0178 도움이 될 수 있어서 기쁩니다.
**I'm glad to help you.**
암 글랫 투 핼퓨

0179 너무 대단한 일로 생각하지 마세요.
**Don't make too much of it.**
돈 메익 투 마취 어빗

0180 당신에게 신세를 많이 졌습니다.
**I owe you so much.**
아이 오우 유 소 마취

# Chapter 02 사죄·사과를 할 때

일상생활에서 많이 쓰이는 사죄의 표현으로는 약속 시간에 늦을 경우일 겁니다. 그럴 때는, I'm sorry to be late.(늦어서 미안해.)라고 합니다. Excuse me.(미안해요.)를 자주 쓰는 서양인도 일단 책임 문제라든가 돈에 관련된 트러블이 일어나면 결코 사죄를 하지 않는 것이 보통입니다. 이 점은 질릴 정도로 완고합니다. 만약 당신이 이런 경우에 처해서 I'm sorry.라고 하면 모든 책임은 당신에게 있는 꼴이 되어버립니다. 함부로 말하면 안 되는 말입니다.

## Unit 1 사과·사죄를 나타낼 때

☐ 실례합니다(미안합니다).
0181
**Excuse me.**
익스큐즈 미


☐ 실례했습니다. 사람을 잘못 봤습니다.
0182
**Excuse me. I got the wrong person.**
익스큐즈 미   아이 가러 렁 퍼슨

0183 미안합니다.
**I'm sorry.**
암 쏘리

0184 정말 죄송합니다.
**I'm really sorry.**
암 륄리 쏘리

0185 대단히 죄송합니다.
**I'm very sorry.**
암 베리 쏘리

0186 당신에게 사과드립니다.
**I apologize to you.**
아이 어팔러좌이즈 투 유

0187 여러 가지로 죄송합니다.
**I'm sorry for everything.**
암 쏘리 훠 에브리씽

## Unit 2 | 행위에 대한 사과 · 사죄를 할 때

0188 늦어서 미안합니다.
**I'm sorry. I'm late.**
암 쏘리    암 래잇

0189 그 일에 대해서 미안하게 생각하고 있습니다.
**I feel sorry about it.**
아이 휠 쏘리 어바우릿

0190 얼마나 죄송한지 모르겠습니다.
**I can't tell you how sorry I am.**
아 캐앤 텔 유 하우 쏘리 아이 엠

0191 그 점에 대해서 미안합니다.
**I'm sorry about that.**
암 쏘리 어바웃 댓

0192 귀찮게 해서 미안합니다.
**I'm sorry to have to trouble you.**
암 쏘리 투 해브 투 츠러블류

0193 오래 기다리게 해서 미안합니다.
**I'm sorry to have you wait so long.**
암 쏘리 투 해뷰 웨잇 쏘 롱
*I'm sorry kept you waiting. / I'm sorry to be late again.

0194 더 일찍 답장을 못 드려서 죄송합니다.
**I'm sorry not to have answered earlier.**
암 쏘리 낫 투 해브 앤서드 얼리어

0195 시간을 너무 많이 빼앗아 죄송합니다.
**I'm sorry to have taken so much of your time.**
암 쏘리 투 해브 테이큰 쏘 마취 오뷰어 타임

part 2 새로운 교제

55

☐ 0196 기분을 상하게 해드리지는 않았는지 모르겠네요.
**I hope I didn't offend you.**
아이 호파이 디든 오휀드 유

☐ 0197 폐를 끼쳐서 죄송합니다.
**I'm sorry to disturb you.**
암 쏘리 투 디스터뷰

## Unit 3  실수를 범했을 때

☐ 0198 실수에 대해 사과드립니다.
**I apologize for the mistake.**
아이 어팔러좌이즈 휘 더 미스테익

☐ 0199 미안해요, 어쩔 수가 없었어요.
**I'm sorry, I couldn't help it.**
암 쏘리    아이 쿠든 헬핏

☐ 0200 그럴 생각은 추호도 없었습니다(고의가 아닙니다).
**I didn't mean it at all.**
아이 디든 미닛 애롤

☐ 0201 단지 제 탓이죠.
**I can only blame myself.**
아이 캔 온리 블레임 마이셀흐

0202 ☐ 미안합니다. 제가 날짜를 혼동했군요.
**I'm sorry, I mixed up the days.**
암 쏘리   아이 믹스덥 더 데이즈

0203 ☐ 내가 말을 잘못했습니다.
**It was a slip of the tongue.**
잇 워저 슬립 옵 더 텅
*a slip of the tongue 말실수

0204 ☐ 그건 제 잘못이 아니에요.
**It wasn't my fault.**
잇 워즌 마이 훨트

0205 ☐ 내 잘못이었어요.
**It was my fault.**
잇 워즈 마이 훨트

0206 ☐ 그건 제가 생각이 부족했기 때문이에요.
**That was thoughtless of me.**
댓 워즈 쏘웃리스 옵 미

0207 ☐ 제 부주의였습니다.
**It was very careless of me.**
잇 워즈 베리 캐얼리스 옵 미

0208 ☐ 당신 잘못이 아닙니다.
**It's not your fault.**
잇스 낫 유어 훨트

part 2 세련된 교제

57

## Unit 4　용서를 구할 때

☐ 용서해 주십시오.
0209
**Please forgive me.**
플리즈 풔깁 미
*Pardon me. / Give me a break.

☐ 용서해 주세요.
0210
**Pardon me.**
파던 미
*I beg your pardon.의 대용 표현이다.

☐ 저의 사과를 받아 주세요.
0211
**Please accept my apology.**
플리즈 억셉트 마이 어팔러지

☐ 다시는 그런 일이 없을 겁니다.
0212
**It won't happen again.**
잇 원트 해픈 어게인

☐ 늦어서 죄송합니다.
0213
**Please forgive me for being late.**
플리즈 풔깁 미 풔 빙 레잇

☐ 한번 봐 주십시오.
0214
**Have a big heart, please.**
해버 빅 하트　　　플리즈

0215 ☐ 한번만 기회를 주세요.
**Give me a break, please.**
깁미 어 브레익           플리즈

0216 ☐ 제가 한 일을 용서해 주십시오.
**Please forgive me for what I've done.**
플리즈 훠깁미 훠 와라이브 던

0217 ☐ 약속을 지키지 못한 걸 용서해 주세요.
**Please forgive me for breaking the promise.**
플리즈 훠깁 미 훠 브레이킹 더 프라미스
*break the promise 약속을 어기다

## Unit 5  사과·사죄에 대한 응답

0218 ☐ 괜찮습니다.
**That's all right.**
댓츠 올 라잇

0219 ☐ 괜찮아요.
**That's O.K.**
댓츠 오케이

0220 ☐ 걱정하지 마세요.
**Don't worry about it.**
돈 워리 어바우릿

0221 ☐ 그까짓 것 문제될 것 없습니다.
**No problem.**
노 프라블럼

0222 ☐ 뭘요, 괜찮습니다(힘들지 않아요).
**No sweat.**
노 스웨잇

0223 ☐ 당신을 용서하겠어요.
**You're forgiven.**
유어 훠기븐

0224 ☐ 좋아요, 받아들이죠.
**All right. You're accepted.**
올 라잇          유어 억셉티드

0225 ☐ 당신은 잘못한 게 없어요.
**You did the right thing.**
유 디드 더 롸잇 씽

# Chapter 03 축하와 환영을 할 때

「축하합니다」의 뜻을 가진 Congratulations!은 항상 복수형으로 쓰입니다. 마지막 -s를 잊지 않도록 하십시오. 또한, 무언가 노력을 하고, 경쟁에서 승리를 취했을 때 하는 말입니다. 때문에 결혼식에 초대받았을 경우 신랑은 물론이고 신부에게도 해서는 안 되는 말입니다. You look so beautiful!(아름다워요!)라고 말하면 됩니다. 보통 Congratulations!은 입학, 졸업, 취업, 입상을 했을 때 쓰이는 말입니다. 응답은 Thank you.라고 합니다.

## Unit 1  축하할 때

0226
☐ 해냈군요. 축하합니다.
**You made it! Congratulations.**
유 메이딧        컹그래춰래이션스
*Bravo!

0227
☐ 승진을 축하합니다.
**Congratulations on your promotion!**
컹그래춰래이션스 온 유어 프로모션

0228 생일을 축하합니다.
**Happy birthday to you!**
해피 버쓰데이 투 유

0229 놀랐지? 생일 축하해!
**Surprise! Happy birthday!**
써프라이즈　해피 버쓰데이

0230 결혼을 축하합니다.
**Congratulations on your wedding!**
컹그래춰래이션스 온 유어 웨딩

0231 우리 기념일을 축하해.
**Happy anniversary.**
해피 에니버써리

0232 그 행운의 여성은 누구예요?
**Who is the lucky lady?**
후 이즈 더 럭키 레이디

0233 두 분이 행복하시길 빕니다.
**May you both be happy!**
메이 유 보쓰 비 해피

0234 부인이 임신하셨다면서요? 축하해요.
**I hear your wife is expecting. Congratulations.**
아이 히어 유어 와입 이즈 익스펙팅　　컹그래춰래이션스
*be expecting 임신하다

☐ 출산을 축하합니다.
0235　**Congratulations on your new baby!**
컹그래춰래이션스 온 유어 뉴 베이비

☐ 아주 기쁘시겠군요.
0236　**You must be very pleased.**
유 머슷 비 베리 플리즈드

☐ 승리를 축하합니다.
0237　**Congratulations on your victory!**
컹그래춰래이션스 온 유어 빅토리

☐ 축하합니다. 선물입니다.
0238　**Congratulations! Here's a little present for you.**
컹그래춰래이션스　　　히어저 리를 프레젠트 훠 유

☐ 우리의 승리를 자축합시다.
0239　**Let's celebrate our victory!**
렛스 샐러브레잇 아워 빅터리

☐ 성공을 축하드립니다.
0240　**Congratulations on your success!**
컹그래춰래이션스 온 유어 석쎄스

☐ 어떻게 해 내셨어요?
0241　**How did you manage it?**
하우 디쥬 매니쥐 잇

0242 ☐ 잘했어요!
**You did a good job!**
유 디더 굿 잡

# Unit 2 │ 축복을 기원할 때

0243 ☐ 새해 복 많이 받으세요.
**Happy New Year!**
해피 뉴 이어

0244 ☐ 새해에는 모든 행운이 깃들기를!
**All the best for the New Year!**
올 더 베슷 훠 더 뉴 이어

0245 ☐ 더 나은 해가 되길 바랍니다.
**I hope you'll have a better year.**
아이 홉 유일 해버 베러 이어

0246 ☐ 당신에게 신의 축복이 있기를!
**God bless you!**
갓 블레슈

0247 ☐ 모든 일이 잘 되기를 바래요.
**I hope everything will come out all right.**
아이 홉 에브리씽 윌 컴 아웃 올 롸잇

0248 ☐ 잘 되길 바랍니다.
**I wish you the best of luck.**
아이 위슈 더 베슷 옵 럭

249 ☐ 즐거운 크리스마스 보내세요.
**Merry Christmas!**
메리 크리스머스

0250 ☐ 즐거운 명절 되세요!
**Happy Holidays!**
해피 할러데이즈

0251 ☐ 즐거운 발렌타인데이예요!
**Happy Valentine's Day!**
해피 밸런타인즈 데이

0252 ☐ 행복하길 빌겠습니다.
**I hope you'll be happy.**
아이 홉 유일 비 해피

0253 ☐ 성공을 빕니다.
**May you succeed!**
메이 유 썩시드

0254 ☐ 행운을 빌게요.
**Good luck to you.**
굿 럭 투 유

part 2

65

## Unit 3 환영할 때

☐ 정말 환영합니다.
0255 **You're quite welcome.**
유어 콰잇 웰컴

☐ 같이 일하게 되어 반갑습니다.
0256 **Glad to have you with us.**
글래드 투 해뷰 위더스

☐ 저의 집에 오신 것을 환영합니다.
0257 **Welcome to my home.**
웰컴 투 마이 홈

☐ 한국에 오신 것을 환영합니다.
0258 **Welcome to Korea.**
웰컴 투 코리어

☐ 이 곳이 마음에 들기를 바랍니다.
0259 **I hope you'll like it here.**
아이 홉 유일 라이킷 히어

☐ 당신과 함께 일하길 고대하고 있습니다.
0260 **I'm looking forward to working with you.**
암 룩킹 훠워드 투 워킹 위(드)유

0261 ☐ 안녕하세요. 미스 김. 입사를 축하합니다.
**Hi, Miss Kim. Welcome aboard.**
하이 미스 킴    웰컴 어보드

0262 ☐ 그에게 큰 박수를 부탁드립니다.
**Please give him a big hand.**
플리즈 깁 히머 빅 핸

# Chapter 04 초대를 할 때

상대를 초대하고 싶은 때는 Do you have any plans for this weekend?(이번 주말은 무슨 계획이 있으세요?)라고 하면 됩니다. 또한 상대를 집에 초대하는 것은 특별히 식사라든가 파티에만 한정된 것은 아닙니다. Why don't you visit me for a cup of tea?(차라도 한 잔 마시러 오시지 않겠습니까?)라고 차 대접을 할 때도 있습니다. 그럴 때는 I'll make a cake for you.(당신을 위해 케이크를 만들게요.)라고 덧붙인다면, 이것만으로도 훌륭한 tea party가 됩니다.

## Unit 1 | 초대할 때

☐ 오늘 저녁에 시간이 있나요?
0263
**Are you free this evening?**
아유 후리 디스 이브닝

☐ 오늘밤에 할 일이 있으십니까?
0264
**Are you doing anything tonight?**
아유 두잉 에니씽 투나잇

0265 이번 토요일에 무엇을 하실 건가요?
**What are you doing this Saturday?**
와라유 두잉 디스 쌔러데이

0266 저녁 식사하러 우리 집에 오실래요?
**Will you come to my house for dinner?**
윌 유 컴 투 마이 하우스 풔 디너

0267 제 생일파티에 오시는 게 어때요?
**How about coming to my birthday party?**
하우 어바웃 커밍 투 마이 버쓰데이 파리

0268 파티에 오시지 그러세요?
**Why don't you come to the party?**
와이 돈츄 컴 투 더 파리

## Unit 2  초대에 응할 때

0269 좋은 생각이에요.
**(You have a) Good idea.**
(유 해버)   굿 아이디어

0270 기꺼이 그렇게 하겠습니다.
**I'd be happy to.**
아이드 비 해피 투

69

0271 □ 그거 아주 좋겠는데요.
**That sounds great.**
댓 사운즈 그레잇

0272 □ 멋진데요.
**Sounds good.**
사운즈 굿

0273 □ 저는 좋습니다.
**That's fine with me.**
댓츠 화인 윗 미

0274 □ 고맙습니다, 그러죠.
**Thank you, I will.**
땡큐　　　아이 윌

0275 □ 초대해 주셔서 감사합니다.
**Thank you for inviting me.**
땡큐 훠 인바이팅 미

| Unit 3 | 초대에 응할 수 없을 때 |

0276 □ 죄송하지만, 그럴 수 없습니다.
**I'm sorry, but I can't.**
암 쏘리　　　버라이 캐앤

0277 죄송하지만, 그럴 수 없을 것 같군요.
**I'm sorry, but I don't think I can.**
암 쏘리　　　버라이 돈 씽 아이 캔

0278 죄송하지만, 해야 할 일이 있습니다.
**Sorry, but I have some work to do.**
쏘리　　　버라이 해브 썸 웍 투 두

0279 유감스럽지만 안 될 것 같군요.
**I'm afraid not.**
암 어후레이드 낫

0280 그럴 수 있다면 좋겠군요.
**I wish I could.**
아이 위시 아이 쿠드

0281 그러고 싶지만 오늘밤은 이미 계획이 있습니다.
**I'd love to, but I already have plans tonight.**
아이드 러브 투　　버라이 올래디 해브 플랜즈 투나잇

0282 오늘 저녁은 안 되겠습니다.
**I'd rather not this evening.**
아이드 래더 낫 디스 이브닝

# Chapter 05 방문을 할 때

방문객을 집의 현관에서 맞이할 경우에는 우선 We are so glad you could come.(잘 오셨습니다.)라고 인사를 합니다. 그리고 신발을 현관에 벗게 하고 Please put on the slippers.(슬리퍼를 신으십시오.)라고 권합니다. This way, please.(이쪽으로 오십시오.)라고 거실로 안내를 하면 됩니다. 참고로 거실에 있는 소파를 미국에서는 couch(카우취), 영국에서는 settee(세티)라고 합니다.

## Unit 1 손님을 맞이할 때

☐ 초대해 주셔서 기쁩니다.
0283
**Thank you for inviting me.**
땡큐 풔 인바이팅 미

☐ 어서 들어오십시오.
0284
**Please come in.**
플리즈 커민

0285 □ 이쪽으로 오시죠.
**Why don't you come this way?**
와이 돈츄 컴 디스 웨이

0286 □ 멀리서 와 주셔서 감사합니다.
**Thank you for coming such a distance.**
땡큐 훠 커밍 써취 어 디스턴스

0287 □ 여기 오시는 데 고생하지 않으셨어요?
**Did you have any trouble getting here?**
디쥬 해브 에니 츠러블 게링 히어

0288 □ 여기 조그만 선물입니다.
**Here's something for you.**
히어즈 썸씽 훠 유

0289 □ 편히 하세요.
**Make yourself at home.**
메익 유어셀흐 앳 홈
*Take it easy.

0290 □ 집을 보여 드리겠습니다.
**Let me show you around our house.**
렛 미 쇼 유 어롸운 아워 하우스

0291 □ 아주 멋진 집이군요.
**You have a very nice home.**
유 해버 붸리 나이스 홈

part 2 세련된 교제

73

# Unit 2  음료와 식사를 대접할 때

0292  뭐 좀 마시겠습니까?
**Would you like something to drink?**
우쥬 라익 썸씽 투 드링

0293  저녁식사 준비가 되었습니다.
**Dinner is ready.**
디너 이즈 뤠디

0294  드시고 싶은 것을 맘껏 드세요.
**Help yourself to anything you like.**
헬프 유어셀흐 투 에니씽 유 라익

0295  어서 드십시오.
**Go ahead and start eating.**
고 어헤드 앤 스탓 이팅

0296  좀 더 드시지요.
**Why don't you help yourself to some more?**
와이 돈츄 헬프 유어셀흐 투 썸 모어

0297  훌륭한 저녁식사였습니다.
**This was a wonderful dinner.**
디스 워저 원더훨 디너

## Unit 3  방문을 마칠 때

☐ 이제 그만 실례하겠습니다.
0298
**I think I should be going now.**
아이 씽 아이 슈드 비 고잉 나우
*I have to go now. / I must be going now.

☐ 늦어서 가봐야겠어요.
0299
**Oh, I'm late. I should be going.**
오   암 레이트    아이 슈드 비 고잉

☐ 이만 돌아가봐야겠어요.
0300
**I've come to say goodbye.**
아이브 컴 투 쎄이 굿바이

☐ 아주 즐거웠습니다.
0301
**I had a very good time.**
아이 해더 베리 굿 타임

☐ 또 오세요.
0302
**I hope you will visit us again.**
아이 홉 윌 비짓 어스 어게인

☐ 다음에는 꼭 저희 집에 와주세요.
0303
**Next time you must come and visit me.**
넥슷 타임 유 머슷 컴 앤 비짓 미

part 2 세련된 교제

75

# Chapter 06 약속을 할 때

약속의 표현은 일상생활에서 가장 사용 빈도가 높은 실용적인 사항의 하나이므로 When would it be convenient for you?(언제가 좋겠습니까?), Can you make it?(괜찮겠습니까?) 등의 일정한 상용 표현을 마스터해 두십시오. 약속을 할 때 시간과 장소는 상대방의 사정에 맞추는 것이 일반적입니다. 특히 날짜나 시간을 정확히 기억해 두고 잘못 들었을 경우도 있으므로 되물어 재차 확인해 두는 것이 좋습니다.

## Unit 1 약속을 청할 때

0304
□ 시간 좀 있어요?
**Do you have time?**
두 유 해브 타임
*Do you have the time? 몇 시입니까?

0305
□ 잠깐 만날 수 있을까요?
**Can I see you for a moment?**
캔 아이 씨 유 훠러 모먼

0306 내일 한번 만날까요?
**Do you want to get together tomorrow?**
두 유 원 투 겟 투게더 투모로우

0307 언제 한번 만나요.
**Let's get together sometime.**
렛스 겟 투게더 썸타임

0308 이번 주말에 시간 있으세요?
**Are you free this weekend?**
아유 후리 디스 위켄(드)

0309 내일 약속 있으세요?
**Do you have any appointments tomorrow?**
두 유 해브 에니 어포인트먼츠 투모로우

## Unit 2 스케줄을 확인할 때

0310 이번 주 스케줄을 확인해 보겠습니다.
**I'll check my schedule for this week.**
알 첵 마이 스케줄 훠 디스 윅

0311 다음 주쯤으로 약속할 수 있습니다.
**I can make it sometime next week.**
아이 캔 메이킷 썸타임 넥슷 윅

☐ 그날은 약속이 없습니다.
0312
**I have no engagements that day.**
아이 해브 노우 인게이쥐먼츠 댓 데이


☐ 오늘 오후는 한가합니다.
0313
**I'm free this afternoon.**
암 후리 디스 앱터눈


☐ 3시 이후 2시간 정도 시간이 있습니다.
0314
**I'm free for about two hours after 3.**
암 후리 훠 어바웃 투 아워즈 앱터 쓰리


# Unit 3 | 약속 제안에 응답할 때


☐ 왜 그러는데요?
0315
**Why do you ask?**
와이 두 유 애슥


☐ 무슨 일로 절 만나자는 거죠?
0316
**What do you want to see me about?**
왓 두 유 원 투 씨 미 어바웃


☐ 좋아요, 시간 괜찮아요.
0317
**Yeah, I'm free.**
야아     암 후리

0318 ☐ 이번 주말엔 별다른 계획이 없어.
**I have no particular plans for this weekend.**
아이 해브 노 퍼티큘러 플랜스 풔 디스 위켄드

0319 ☐ 미안해요, 제가 오늘 좀 바빠서요.
**I'm sorry, I'm little busy today.**
암 쏘리   암 리를 비지 투데이

0320 ☐ 오늘 손님이 오기로 돼 있어요.
**I'm expecting visitors today.**
암 익스펙팅 비지터스 투데이

0321 ☐ 미안해요, 제가 오늘은 스케줄이 꽉 차 있어요.
**I'm sorry, I'm booked up today.**
암 쏘리   암 북텁 투데이

## Unit 4 | 약속시간과 장소를 정할 때

0322 ☐ 몇 시로 했으면 좋겠어요?
**What time is good for you?**
왓 타임 이즈 굿 풔 유

0323 ☐ 언제 만나면 될까요?
**When can we meet?**
웬 캔 위 밋

☐ 몇 시쯤에 시간이 납니까?
0324
**What time will you be available?**
왓 타임 윌 유 비 어배일러블

☐ 3시는 괜찮겠습니까?
0325
**Is three o'clock OK for you?**
이즈 쓰리 어클락 오케이 훠 유

☐ 어디서 만날까요?
0326
**Where should we make it?**
웨어 슈드 위 메이킷

☐ 만날만한 곳이 어디 없을까요?
0327
**What's a good place to get together?**
왓스 어 굿 플레이스 투 겟 투게더

| Unit 5 | 약속을 변경하거나 취소할 때 |

☐ 한 시간만 뒤로 미룹시다.
0328
**Let's push it back an hour.**
렛스 푸쉬 잇 백 언 아워

☐ 다음 기회로 미뤄도 될까요?
0329
**Can I take a rain check?**
캔 아이 테이커 뤠인 첵
*rain check 약속을 미루다(연기하다)

80

☐ 약속을 취소해야겠어요.
0330 **I have to cancel.**
아이 햅투 캔슬

☐ 약속에 못 나갈 것 같아요.
0331 **I'm not going to be able to make it.**
암 낫 고잉 투 비 에이블 투 메이킷

# Chapter 07 식사를 제의할 때

자신의 요리에 대해 칭찬받고 싶은 내색을 하는 사람은 없을 것입니다. These dishes look so delicious.(이 요리 맛있군요.), That's my favorite.(이건 내가 좋아하는 것입니다.)라고 음식을 먹기 전에 말한다면 무척 기뻐할 것입니다. 그리고 한 입 먹고 나서 This is really good!(이거 정말 맛있군요.)라고 말하고 만드는 법을 묻습니다. 예를 들면, How do you cook such a delicious omelet?(어떻게 하면 이렇게 맛있는 오믈렛을 만들 수 있습니까?) 등이 있습니다.

## Unit 1 식사를 제의할 때

0332 □ 우리 점심 식사나 같이 할까요?
**Shall we have lunch together?**
쉘 위 해브 런치 투게더

0333 □ 저녁 식사 같이 하시겠어요?
**Would you join me for dinner today?**
우쥬 조인 미 풔 디너 투데이

☐ 오늘 저녁에 외식하자.
0334 **Let's eat out tonight.**
렛스 이라웃 투나잇

☐ 나가서 먹는 게 어때?
0335 **How about going out for something to eat?**
하우 어바웃 고잉 아웃 풔 썸씽 투 잇

☐ 내일 저녁 식사 같이 하러 가실까요?
0336 **May I take you to dinner tomorrow?**
메아이 테이큐 투 디너 투마로우

☐ 점심 식사하러 나갑시다.
0337 **Let's go out for lunch.**
렛스 고 아웃 풔 런치

☐ 뭐 좀 간단히 먹으러 나갑시다.
0338 **Let's go out for a snack.**
렛스 고 아웃 풔러 스넥

☐ 언제 식사나 같이 합시다.
0339 **We'll have to do lunch sometime.**
위일 햅 투 두 런치 썸타임

☐ 여기 들러서 뭐 좀 먹읍시다.
0340 **Let's stop here for a bite to eat.**
렛스 스탑 히어 풔러 바잇 투 잇

☐ 언제 식사나 같이 합시다.
0341 **We'll have to do lunch sometime.**
위일 햅 투 두 런치 썸타임

## Unit 2 | 자신이 계산하려고 할 때

☐ 계산해 주세요.
0342 **Bill, please.**
비얼  플리즈
*I'd like the check, please.나 Check, please.라고 해도 무방하다.

☐ 제가 낼게요.
0343 **(This is) My treat.**
(디씨즈)   마이 트릿

☐ 자 갑시다! 제가 살게요.
0344 **Come on! It's on me.**
컴 온    잇스 온 미

☐ 제가 점심을 대접하겠습니다.
0345 **Let me treat you to lunch.**
렛 미 트릿 유 투 런취

☐ 걱정 마, 내가 살게.
0346 **Don't worry about it. I'll get it.**
돈 워리 어바우릿         알 게릿

0347 오늘 저녁을 제가 사겠습니다.
**Let me take you to dinner tonight.**
렛 미 테이큐 투 디너 투나잇

0348 내가 초대했으니 내가 내야지.
**I invited you out, so I should pay.**
아이 인바이티드 유 아웃  쏘 아이 슈드 페이

0349 당신에게 특별히 한턱내고 싶습니다.
**I'd like to treat you to something special.**
아이드 라익 투 트릿 유 투 썸씽 스페셜

0350 각자 부담합시다.
**Let's go dutch.**
렛스 고 더취

0351 잔돈은 가지세요. (팁을 의미함)
**Keep the change.**
킵 더 체인쥐

English Conversation for Beginner

## part 3

## 유창한 대화

01. 질문을 할 때
02. 응답을 할 때
03. 맞장구를 칠 때
04. 되물음과 이해를 나타낼 때
05. 제안과 권유를 할 때
06. 부탁을 할 때
07. 대화를 시도할 때
08. 대화의 연결과 진행
09. 주의와 충고를 할 때

보통 일반인에게 사용되는 경칭으로는 Mister(Mr.), Mistress(Mrs.), Miss. Master 등이 있습니다. 영국의 경우에는 Esq.라 하여, Mr.보다 더 심오한 존경의 뜻을 담은 경칭을 사용하기도 합니다. 이외에도 Dr. (Doctor)와 Sir.를 사용하기도 하는데, 이는 말하는 사람이 스스로 지위를 낮춤으로써 상대방에게 경의를 표하는 것으로써 단, Sir.의 경우에는 사용상에 제한이 따릅니다. 즉, 나이나 지위가 비슷한 사람끼리는 사용하지 않으며, 여성에게는 호칭하지 않습니다.

# Chapter 01 질문을 할 때

한 마디로 상대가 한 말을 알아들으려면 「5W+1H」를 사용하면 됩니다. 이야기의 내용이 장소에 대해서 이야기하는 것을 알겠는데 분명하지 않을 때 Where?(어디입니까?)라고 하면 다시 한번 반복해서 말해 줄 겁니다. 그밖에 Who?(누구), When?(언제?), What?(무엇?), Why?(왜?), How?(어떻게?)를 사용하세요. 5개의 W와 하나의 H로 시작하는 의문사는 단독으로 쓸 수 있는 편리한 말입니다.

## Unit 1 질문을 할 때

☐ 질문 하나 있습니다.
0352
**I have a question.**
아이 해버 퀘스쳔

☐ 질문 하나 해도 될까요?
0353
**May I ask you a question?**
메아이 애스큐어 퀘스쳔

0354 사적인 질문을 하나 해도 되겠습니까?
**May I ask you a personal question?**
메아이 애스큐어 퍼스널 퀘스쳔

0355 구체적인 질문 몇 가지를 드리겠습니다.
**Let me ask you some specific questions.**
렛 미 애스큐 썸 스피시픽 퀘스쳔스

0356 누구한테 물어봐야 되죠?
**Whom should I ask?**
훔 슈다이 애슥

0357 이 머리글자들은 무엇을 의미합니까?
**What do these initials stand for?**
왓 두 디즈 이니셜스 스탠 풔

0358 이것을 영어로 뭐라고 하죠?
**What's this called in English?**
왓스 디스 콜드 인 잉글리쉬

0359 이 단어를 어떻게 발음하죠?
**How do you pronounce this word?**
하우 두 유 프러나운스 디스 워드

0360 그건 무엇으로 만드셨어요?
**What's it made of?**
왓스 잇 메이덥

0361 당신에게 질문할 게 많이 있습니다.
**I have a lot of questions for you.**
아이 해버 랏 옵 퀘스쳔스 훠 유

0362 그건 무엇에 쓰는 거죠?
**What's it used for?**
왓스 잇 유즈드 훠

0363 질문을 잘 들으세요.
**Listen to the question.**
리슨 투 더 퀘스쳔

0364 내 질문에 답을 해 주세요.
**Please answer my question.**
플리즈 앤서 마이 퀘스쳔

0365 답을 말해 보세요.
**Give the answer.**
깁 더 앤서

0366 여기까지 다른 질문은 없습니까?
**Does anyone have any questions so far?**
더즈 에니원 해브 애니 퀘스쳔스 쏘 화

# Unit 2　질문에 답변할 때

0367　☐ 좋은 질문입니다.
**Good question.**
굿 퀘스쳔

0368　☐ 더 이상 묻지 마세요.
**No more questions.**
노 모어 퀘스쳔스

0369　☐ 답변하고 싶지 않습니다.
**I don't owe you an explanation.**
아이 돈 오유 언 엑스플러네이션

0370　☐ 뭐라고 대답해야 좋을지 모르겠습니다.
**I don't know how to answer.**
아이 돈 노우 하우 투 앤서

0371　☐ 저는 모르겠습니다.
**I don't know.**
아이 돈 노우

0372　☐ 모르기는 저도 마찬가지입니다.
**Your guess is as good as mine.**
유어 게스 이즈 애즈 굿 애즈 마인

91

# Chapter 02 응답을 할 때

짧은 표현으로 찬성하고 싶을 때는 Certainly!(알았습니다!), Definitely!(맞아요!), Exactly!(확실히 그래요!) 등으로 표현하는데, 이것은 모두 강한 긍정을 나타냅니다. 상대가 한 말을 찬성할 수 없을 때는 확실히 그것을 전달하지 않으면 안 됩니다. 잠자코 듣고 있으면 찬성으로 받아들일 수도 있기 때문입니다. That's not correct!(그건 옳지 않아요!), That's wrong.(그건 틀려요!)라고 반론하는 게 중요합니다.

## Unit 1 긍정의 마음을 전할 때

0373 ☐ 좋아요.
**Sure./Certainly./You bet.**
슈어   써튼리   유 벳

0374 ☐ 좋아.
**Fine./That'll be fine./That's fine.**
화인   대를 비 화인   댓츠 화인

0375 알겠습니다.
**Yes, sir./Yes, madam./Yes, miss.**
예 써   예스 마담    예스 미쓰

0376 맞습니다.
**Exactly./That's right./You're right.**
이그잭틀리   댓츠 라잇    유어 라잇

0377 그렇습니다(알겠습니다).
**I see.**
아이 씨

0378 예.
**Yes./Sure./Certainly.**
예스   슈어   써튼리

0379 네, 부탁합니다.
**Yes, please.**
예스   플리즈

0380 네, 그렇게 합시다.
**Yes, let's.**
예스   렛츠

0381 전적으로 말씀하신 대로입니다.
**You said it./Absolutely.**
유 세릿      앱썰루틀리

0382 ☐ 물론이죠.
**Of course.**
옵 코스

0383 ☐ 기꺼이 할게요.
**With pleasure./I'd be glad to.**
윗 플레져    아이드 비 글래드 투

0384 ☐ 저도 그렇게 생각합니다.
**Yes, I think so./I agree with you.**
예스  아이 씽 쏘    아이 어그리 위(드)유

0385 ☐ 저도 같은 의견입니다.
**That's my opinion, too.**
댓츠 마이 어피니언        투

0386 ☐ 그렇군요.
**I got it.**
아이 가릿

## Unit 2 | 부정의 마음을 전할 때

0387 ☐ 아니오.
**No.**
노우

0388 한번도 없어요.
**I never have.**
아이 네버 해브

0389 아니, 지금은 됐어요(안 됩니다).
**No..., not now, thanks.**
노우   낫 나우    땡스

0390 유감스럽지만, 안되겠어요.
**I'm afraid not.**
암 어후레이드 낫

0391 그건 몰랐습니다.
**I didn't know that.**
아이 디든 노우 댓

0392 그건 금시초문입니다.
**That's news to me.**
댓츠 뉴스 투 미

0393 그렇지 않아요.
**No, sir./No, madam./No, miss.**
노 써   노 마담    노 미스

0394 그렇게 생각하지 않아요.
**I don't think so.**
아이 돈 씽 쏘

☐ 괜찮아요. (사죄에 대한 응답)
0395 **That's all right./That's OK./Don't worry.**
댓츠 올 라잇   댓츠 오케이   돈 워리

☐ 아무것도 아니에요.
0396 **Don't mention it./Not at all./It's nothing.**
돈 멘션 잇   나래롤   잇스 낫씽

☐ 아직요.
0397 **Not yet.**
낫 옛

☐ 물론 다릅니다.
0398 **Of course not./Certainly not.**
옵 코스 낫   써튼리 낫

## Unit 3 | 불확실 · 의심의 마음을 전할 때

☐ 있을 수 있어요(그럴 수 있어요).
0399 **It's possible./It's quite possible.**
잇스 파써블   잇스 콰잇 파써블

☐ 그럴지도 모르겠어요.
0400 **You could be right./I suppose so.**
유 쿠드 비 라잇   아이 써포우즈 쏘

96

☐ 아마도….
0401 **Maybe….**
메이비

☐ 그렇대요.
0402 **So I hear./So I've heard.**
쏘 아이 히어   쏘 아이브 허드

☐ …라고 합니다.
0403 **I hear…./I understand….**
아이 히어   아이 언더스탠

☐ 그렇다면 좋겠는데….
0404 **I hope so.**
아이 홉 쏘

☐ 그건 경우에 따라 다릅니다.
0405 **That depends. /It depends.**
댓 디펜즈   잇 디펜즈

☐ 어쩐지….
0406 **I doubt it.**
아이 다우릿

☐ 믿을 수 없어.
0407 **I can't believe it./It's doubtful.**
아이 캐앤 빌리브 잇   잇스 다웃훨

0408 ☐ 정말로?
**Really?/Are you really?**
릴리          아유 릴리

0409 ☐ 본심이야?
**Are you serious?**
아유 씨어리어스

0410 ☐ 이상하군요.
**Isn't it funny?**
이즌닛 훠니

0411 ☐ 예, 하지만 의심스럽군요.
**Yes, but I doubt that.**
예스,    벗 아이 다웃 댓

# Chapter 03 맞장구를 칠 때

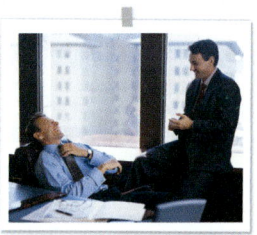

상대가 한 말을 긍정적으로 받아들이고 싶을 때는 That's right.(맞습니다.)/Indeed.(정말이군요.), 혹은 Sure.(물론이죠.) 등으로 말합니다. 또한 부정하고 싶은 때는 I don't think so.(나는 그렇게 생각하지 않아요.)/It's not true.(그건 다릅니다.)/Never.(절대로 그렇지는 않습니다.) 등으로 표현하면 됩니다. 상대의 말에 놀랐을 때는 Incredible!(믿을 수 없어요!)/No kidding!(농담 마세요!) 등으로 말하지만, 이건 심각하게 그렇게 생각하고 있는 게 아니라 상대의 말에 맞장구를 치면서 즐거워하는 느낌으로 사용합니다.

## Unit 1 확실하게 맞장구를 칠 때

☐ 맞아요.
0412 **(That's) Right.**
댓츠    롸잇

☐ 바로 그겁니다(맞아요).
0413 **That's it.**
댓칫

0414 □ 물론이죠.
**Of course.**
옵 코스

0415 □ 틀림없어.
**Sure. / It must be.**
슈어　　잇 머슷 비

0416 □ 확신해요.
**I'm positive.**
암 파저리(브)

0417 □ 당연하죠.
**That'll be all right.**
대를 비 올 롸잇

0418 □ 동의합니다.
**I agree. / So am I.**
아이 어그리　　쏘 엠 아이

0419 □ 저도 그래요.
**So do I. / I think so.**
쏘 두 아이　　아이 씽 쏘

0420 □ 네, 그게 바로 제 생각입니다.
**Yes, that's what I mean.**
예스　댓츠 와라이 민

0421 ☐ 사실이에요.
**That's true.**
댓츠 트루

0422 ☐ 그거예요.
**That's it. / Quite so. / Exactly.**
댓츠 잇   콰잇 쏘   이그잭트리

0423 ☐ 과연 그렇군요.
**Absolutely.**
앱썹루틀리

0424 ☐ 좋아요.
**Fine. / Good.**
화인   굿

0425 ☐ 그거 좋군요.
**That's good.**
댓츠 굿

0426 ☐ 좋은 생각이에요.
**That's good idea. / That'll be fine.**
댓츠 굿 아이디어   대를 비 화인

0427 ☐ 예, 그렇고말고요.
**Yes, indeed.**
예스 인디드

# Unit 2    애매하게 맞장구를 칠 때

0428 ☐ 아마도….
**Maybe.**
메이비

0429 ☐ 그럴지도 모르겠어요.
**Could be.**
쿠드 비

0430 ☐ 그럴 거라고 생각합니다.
**I suppose so.**
아이 써포우즈 쏘

0431 ☐ 그렇기를 바랍니다.
**I hope so.**
아이 홉 쏘

0432 ☐ 저도 역시 그렇게 생각합니다.
**Yes, I think so too.**
예스 아이 씽 쏘 투

0433 ☐ 재미있겠군요.
**That sounds interesting.**
댓 사운즈 인터레스팅

## Unit 3　긍정의 맞장구

- 그래요?
  0434 **Is that so?**
  이즈 댓 쏘

- 어머, 그래요?
  0435 **Oh, are we?**
  오  아 위

- 아, 그러셨어요?
  0436 **Oh, you did?**
  오  유 디드

- 그래요?
  0437 **Have you?**
  해뷰

## Unit 4　부정의 맞장구

- 설마! / 그럴리가요!
  0438 **Not really! / You don't say so!**
  낫 릴리　　　유 돈 쎄이 쏘

0439 아니오, 그렇게 생각지 않아요.
**No, I don't think so.**
노 아이 돈 씽 쏘

0440 그래요? 저도 좋아하지 않습니다.
**Don't you? Neither do I.**
돈츄 니더 두 아이

0441 모르겠어요.
**I don't know.**
아이 돈 노우

0442 확실히 모르겠어요.
**I'm not sure.**
암 낫 슈어

0443 참 안됐네요.
**That's too bad.**
댓츠 투 배드

0444 그건 무리예요.
**It's impossible.**
잇스 임파써블

## Unit 5  잠시 생각할 때

0445
□ 글쎄.
**Well.**
웰

0446
□ 글쎄(어디 보자).
**Let me see.**
렛 미 씨

0447
□ 참, 뭐더라.
**Well, let me see.**
웰    렛 미 씨

0448
□ 거 뭐랄까?
**What shall I say?**
왓 쉘 아이 쎄이

# Chapter 04 되물음과 이해를 나타낼 때

잘 알아들을 수 없는 경우이거나 다시 한번 말해 달라고 하는 경우에는 Once more!나 Once again!은 사용하지 마세요. 이건 예를 들면 선생님이 학생들에게 뭔가를 가르치면서「아직 이해가 안 되는 모양이군. 다시 한번 해봅시다.」라는 경우의「다시 한번」입니다. 역시 Pardon?이라고 하는 게 가장 간단한 표현입니다.

다른 나라의 말을 익힌다는 것은 진정한 커뮤니케이션의 시작입니다. 더욱이 한국어를 가르치는 것은 당신에게 있어서도 매우 좋은 영어 회화의 훈련이 됩니다.

## Unit 1  되물을 때

**0449** □ 뭐라고요?
**Excuse me?**
익스큐즈 미
\*문장 끝 부분을 올려서 발음하면「실례합니다」라는 뜻이 아니라 Pardon me?(다시 한번 말해 주세요!)라는 뜻이 됩니다.

**0450** □ 뭐라고?
**What?**
왓

0451 뭐라고 했지?
**You said what?**
유 쎄드 왓

0452 방금 뭐라고 말씀하셨죠?
**What did you say just now?**
왓 디쥬 쎄이 저슷 나우

0453 맞습니까?
**Is that right?**
이즈 댓 롸잇

0454 그렇습니까?
**Is that so?**
이즈 댓 쏘

0455 정말인가요?
**Really?**
릴리

0456 그랬습니까?
**Did you?**
디쥬

0457 그러세요?
**Are you?**
아유

☐ 네?
0458 **Sorry?**
쏘리

☐ 농담이시죠.
0459 **You're kidding.**
유어 키딩

## Unit 2 　 잘 알아듣지 못했을 때

☐ 다시 말씀해 주시겠어요?
0460 **(I) Beg your pardon?**
(아이) 백 유어 파던

☐ 다시 한번 말씀해 주십시오.
0461 **Please say that again.**
플리즈 쎄이 댙 러게인

☐ 잘 모르겠는데요.
0462 **Sorry. I don't quite get you.**
쏘리　아이 돈 콰잇 게츄

☐ 잘 못 알아듣겠습니다.
0463 **I'm sorry, but I can't follow you.**
암 쏘리　벗 아이 캐앤 팔로 유
*follow는 understand의 의미로 사용되었다.

**0464** 말이 너무 빨라서 모르겠습니다.
**You're speaking a little too quickly for me.**
유어 스피킹 어 리를 투 퀴클리 훠 미

**0465** 조금 천천히 말씀해 주시겠어요?
**Could you possibly slow down a bit?**
쿠쥬 파서블리 슬로우 다우너 빗

**0466** 잘 들리지 않았습니다. 더 분명하게 말씀해 주시겠어요?
**I don't quite hear you. Could you speak more clearly?**
아이 돈 콰잇 히어 유    쿠쥬 스픽 모어 클리얼리

**0467** 미안합니다만, 안 들립니다.
**Sorry, but I can't hear you.**
쏘리    벗 아이 캐앤 히어 유

**0468** 더 큰소리로 말씀해 주시겠어요?
**Would you speak a little louder?**
우쥬 스피커 리를 라우더

**0469** 무슨 뜻입니까?
**What does that mean?**
왓 더즈 댓 민

**0470** 제인 다음은 무엇입니까?
**Sorry? Jane what?**
쏘리    제인 왓

109

## Unit 3 | 이해 여부를 재확인할 때

☐ 이해하시겠어요?
0471
**Do you understand it?**
두 유 언더스텐딧

☐ 제 말 뜻을 이해하시겠어요?
0472
**Do you understand what I mean?**
두 유 언더스탠 와라이 민

☐ 제가 한 말을 알겠어요?
0473
**Do you understand what I'm saying?**
두 유 언더스탠 와라임 쎄잉

☐ 지금까지 제가 한 말을 이해하시겠어요?
0474
**Are you with me so far?**
아 유 위드 미 쏘 화

☐ 무슨 뜻인지 이해하시겠어요?
0475
**Do you understand the meaning?**
두 유 언더스탠 더 미닝

## Unit 4   이해를 했을 때

0476
이해했어요.
**I understand.**
아이 언더스탠

0477
아, 알겠습니다.
**Oh, I've got it.**
오   아이브 가릿

0478
아, 알겠어요.
**Oh, I see.**
오   아이 씨
*응답 표현으로 I see.는 I understand.과 같다.

0479
알겠군요.
**I get the picture.**
아이 게러 픽쳐

0480
이해가 되는군요.
**It makes sense to me.**
잇 메익스 쎈스 투 미

0481
아, 무슨 말씀인지 알겠습니다.
**Oh! I see what you mean.**
오   아이 씨 왓 유 민

111

☐ 와, 그러니까 감이 잡히는군요.
0482
**Wow, that really tells a story.**
와우    댓 릴리 텔저 스토리

☐ 이해할만하군요.
0483
**That's understandable.**
댓츠 언더스탠더블

☐ 당신의 입장을 이해합니다.
0484
**I understand your position.**
아이 언더스탠 유어 퍼지션

| **Unit 5** | 이해를 못했을 때 |

☐ 이해가 안 됩니다.
0485
**I don't understand.**
아이 돈 언더스탠

☐ 무슨 말을 하는지 모르겠어요.
0486
**I don't follow you.**
아이 돈 팔로 유

☐ 이해하기 어렵군요.
0487
**It's tough to figure.**
잇스 텁 투 휘거
*여기서 figure는 understand의 의미로 사용되었다.

0488 ☐ 도무지 감이 잡히질 않습니다.
**I can't get the hang of it.**
아이 캐앤 게러 행 어빗

0489 ☐ 무슨 말인지 전혀 모르겠어요.
**You're confusing me too much.**
유어 컨휴징 미 투 마취

0490 ☐ 당신 말씀을 이해할 수 없습니다.
**I couldn't make out what you mean.**
아이 쿠든 메이카웃 왓츄 민

0491 ☐ 그걸 전혀 이해할 수가 없군요.
**I can't make heads or tails of it.**
아이 캐앤 메익 해즈 오어 테일즈 어빗

0492 ☐ 그건 이해가 안 되는군요.
**It's out of my depth.**
잇스 아웃럽 마이 뎁스

# Chapter 05 제안과 권유를 할 때

일단 권유를 받았다면 Thank you for asking me.(권유해 줘서 고마워요.)라고 감사의 뜻을 전하든가, 아니면 I'm sorry.(아쉽지만.)라고 할 것입니다. 그 뒤에 이어서 but I have another appointment.(다른 약속이 있습니다.) 혹은 but I have something to do that day.(그 날은 할 일이 있습니다.)라고 말하면 됩니다. 또한 It's very kind of you, but I can't go now.(친절은 고맙습니다만, 지금은 갈 수 없습니다.)의 표현도 함께 기억해 둡시다.

## Unit 1 무언가를 제안할 때

0493
□ 털어놓고 얘기합시다.
**Let's have a heart to heart talk.**
렛스 해버 하 투 핫 톡

0494
□ 이제 그만 합시다.
**Let's beat it.**
렛스 비릿

☐ 0495 오늘은 이만 합시다.
**Let's call it a day.**
렛스 콜이러 데이
*하루 일과나 작업을 끝마칠 때 할 수 있는 말이다.

☐ 0496 쉽시다.
**Let's take a short rest.**
렛스 테이커 숏 레스(트)

☐ 0497 야, 숨 좀 쉬자.
**Let me catch my breath.**
렛 미 캐취 마이 브레쓰

☐ 0498 화해합시다.
**Let's bury the hatchet.**
렛스 베리 더 해췻

☐ 0499 그것은 당신에게 달려 있습니다.
**It's up to you.**
잇첩 투 유
*It depends on you.

☐ 0500 시험 삼아 한번 해 봅시다.
**Let's try it out.**
렛스 츠라이 이라웃

0501 내게 좋은 생각이 있어요.
**I'll tell you what.**
알 텔 유 왓

0502 그것을 최대한 잘 이용해 봅시다.
**Let's make the best of it.**
렛스 메익 더 베숫 어빗

0503 그 사람 경계하는 편이 좋아요.
**You'd better stay out of his way.**
유드 배러 스테이 아웃롭 히즈 웨이

0504 그런 의미에서 우리 악수나 한번 합시다.
**Let's shake on that.**
렛스 쉐이콘 댓

0505 지금 시작하는 것이 좋을 것입니다.
**We might as well begin now.**
위 마잇 애즈 웰 비긴 나우

0506 (기분전환 겸) 산책이나 합시다.
**Let's go for a walk (for a change).**
렛스 고 훠러 웍 (훠러 체인쥐)

## Unit 2 | 권유할 때

☐ 테니스 치러 가시죠?
0507 **Why don't we go play tennis?**
와이 돈 위 고 플레이 테니스

☐ 괜찮다면 같이 가시죠.
0508 **You're welcome to join us, if you want.**
유어 웰컴 투 조인어스　　　　　이퓨 원

☐ 저하고 쇼핑 가실래요?
0509 **How about going shopping with me?**
하우 어바웃 고잉 샤핑 윗 미

☐ 커피 한 잔 드시겠어요?
0510 **Would you like a cup of coffee?**
우쥬 라익 어컵 옵 커휘

☐ 창문을 열까요?
0511 **Would you like me to open the window?**
우쥬 라익 미 투 오픈 더 윈도우

☐ 내일, 저녁이나 같이 안 하시겠습니까?
0512 **May I take you to dinner tomorrow?**
메아이 테이큐 투 디너 투모로우

117

☐ 맥주 한 잔 하시겠어요?
0513 **Would you like a glass of beer?**
우쥬 라익커 글래숍 비어

☐ 먼저 하십시오(타십시오, 들어가십시오, 드십시오).
0514 **After you, please.**
애흐터 유    플리즈

☐ 오늘밤 쇼를 보러 가지 않겠어요?
0515 **How about going to a show tonight?**
하우 어바웃 고잉 투 어 쇼 투나잇

☐ 비디오 게임 한번 하는 게 어떻겠습니까?
0516 **How about playing a video game?**
하우 어바웃 플레잉 어 뷔디오 게임

## Unit 3 | 제안·권유에 응할 때

☐ 좋습니다.
0517 **OK. (All right.)**
오케이 (올 라잇)

☐ 네, 그렇게 하겠습니다.
0518 **Yes, I'd love to.**
예스    아이드 러브 투

118

0519 괜찮다면, 제가 함께 가 드리겠습니다.
**I'll go with you, if you like.**
알 고 위(드)유    이퓨 라익

0520 감사합니다. 그렇게 해 주세요.
**Thank you. Please do.**
땡큐    플리즈 두

0521 네가 말한 대로 할게.
**Anything you say.**
에니씽 유 쎄이

0522 그거 좋은 생각이군요.
**That's a good idea.**
댓처 굿 아이디어

0523 그거 재미있겠는데요.
**That sounds interesting.**
댓 사운즈 인터레스팅

0524 그렇게 합시다.
**Yes, let's do that.**
예스  렛츠 두 댓

0525 그거 괜찮겠군요.
**Maybe we should do it.**
메이비 위 슈 두 잇

# Unit 4  제안·권유에 거절할 때

☐ 그럴 기분이 아닙니다.
0526
**I don't feel like it.**
아이 돈 휠 라이킷

☐ 그렇게 하지 맙시다.
0527
**No, we'd rather not.**
노  위드 래러 낫

☐ 고맙지만, 됐습니다.
0528
**No, thank you.**
노  땡큐

☐ 그럴 생각이 없습니다.
0529
**I'm not ready for that.**
암 낫 뤠디 훠 댓

☐ 다음 기회로 미룰까요?
0530
**Can you give me a rain check?**
캔 유 깁 미 어 레인 첵

# Chapter 06 부탁을 할 때

영어에서는 무언가를 부탁할 때는 사양하지 말고 확실하게 부탁하는 것이 중요합니다. 우리는 상대방을 고려하여 망설이는 경우가 많지만, 그러한 태도는 국제사회에서 오히려 도움이 안 된다는 것을 잊지 않도록 합시다. 부탁할 때는 「Please+명령문」을 사용하여 말하면 간단하고 정중한 부탁의 표현이 됩니다. 또한 「Could you~」나 「Would you~?」를 첫머리에 붙여서 사용하면 더욱 정중한 표현이 됩니다. 친구 사이라면 가볍게 「Will you~?」라고 하면 됩니다.

## Unit 1  부탁을 할 때

0531
□ 부탁 하나 해도 될까요?
**Can I ask you a favor?**
캔 아이 애스큐어 훼이버

0532
□ 실례합니다. 부탁 하나 들어 주시겠어요?
**Excuse me. Would you do me a favor?**
익스큐즈 미    우쥬 두 미 어 훼이버

**0533** 부탁드릴 게 하나 있습니다.
**I have a big favor to ask you.**
아이 해버 빅 훼이버 투 애스큐

**0534** 부탁 좀 드려도 될까요?
**Could I ask you to do something for me?**
쿠라이 애스큐 투 두 썸씽 훠 미

**0535** 방해가 되지 않을지 모르겠군요.
**I hope I'm not in the way.**
아이 홉 암 낫 인 더 웨이

**0536** 잠시 폐를 끼쳐도 될까요?
**May I bother you for a moment?**
메아이 바더 유 훠러 모먼

**0537** 제가 좀 끼어도 될까요?
**May I join you?**
메아이 조인 유

**0538** 잠시 시간을 내 주시겠습니까?
**Could you spare me a few minutes?**
쿠쥬 스페어 미 어 휴 미닛츠

**0539** 저를 도와주실 수 있나 모르겠네요.
**I wonder if you can help me.**
아이 원더 이퓨 캔 헬프 미

☐ 잠시 폐를 끼쳐도 되겠습니까?
0540 **Could I trouble you for a minute?**
쿠라이 츠러블 유 훠러 미닛

## Unit 2 | 구체적으로 부탁할 때

☐ 좀 태워다 주시겠습니까?
0541 **Would you mind giving me a ride?**
우쥬 마인드 기빙 미 어 라이드
*give me a ride 차로 바래다주다

☐ 내일 제가 차를 쓸 수 있을까요?
0542 **Can I possibly have the car tomorrow?**
캔 아이 파써블리 해브 더 카 투모로우

☐ 당신 것을 빌려 주시겠습니까?
0543 **Would you lend me yours, please?**
우쥬 랜드 미 유어즈               플리즈

☐ 돈을 좀 빌릴 수 있을까요?
0544 **May I borrow some money?**
메아이 바로우 썸 마니

☐ 문 좀 열어 주시겠어요?
0545 **Would you mind opening the door, please?**
우쥬 마인드 오프닝 더 도어                플리즈

part 3 요청한 대화

123

☐ 저와 함께 가실래요?
0546
**Would you like to join me?**
우쥬 라익 투 조인 미

☐ 주소 좀 가르쳐 주시겠어요?
0547
**May I have your address?**
메아이 해뷰어 어드레스

☐ 춤 한번 추실까요?
0548
**May I have this dance?**
메아이 해브 디스 댄스

☐ 가능한 한 빨리 저에게 알려 주시겠습니까?
0549
**Would you let me know as soon as possible?**
우쥬 렛 미 노우 애즈 순 애즈 파써블

☐ 잠깐 제 대신 좀 해 주시겠어요?
0550
**Can you take my place for a while?**
캔 유 테익 마이 플레이스 풔러 와일

☐ 그분이 어떤 분인지 말 좀 해 주세요.
0551
**Can you tell me what he is like?**
캔 유 텔 미 왓 히 이즈 라익

☐ 제 곁에 있어주세요.
0552
**Stick with me, please.**
스틱 윗 미           플리즈

124

0553 □ 기회를 주세요(잠시만요).
**Give me a break.**
깁 미 어 브레익

0554 □ 확인 좀 해주세요.
**Please make sure.**
플리즈 메익 슈어

0555 □ 다음 기회로 미룰 수 있을까요?
**Can you give me a rain check on that?**
캔 유 깁 미 어 레인 체콘 댓

0556 □ 내일은 쉬고 싶습니다.
**I would like to vacate tomorrow.**
아이 우드 라익 투 베이케잇 투모로우

0557 □ 혼자 있게 해 주세요(제발 좀 내버려 두세요).
**Please leave me alone.**
플리즈 리브 미 얼론

## Unit 3  부탁을 들어줄 때

0558 □ 물론이죠.
**Sure.**
슈어

125

☐ 기꺼이 그러죠.
0559 **I'd be glad to.**
아이드 비 글래드 투

☐ 예, 그러지요.
0560 **Yes, certainly.**
예스 써튼리

☐ 당신을 위해 최선을 다하겠습니다.
0561 **I'll do my best for you.**
알 두 마이 베슷 훠 유

☐ 그렇게 하세요.
0562 **Go ahead.**
고 어헤드

☐ 그렇고말고요.
0563 **Of course.**
옵 코스

☐ 그럼요(문제없어요).
0564 **No problem.**
노 프라블럼

☐ 뭐, 그 정도쯤이야(별 것 아닙니다).
0565 **It's no big deal.**
잇스 노 빅 디얼

0566 그렇게 하세요. (서슴지 않고 부탁을 들어줄 때)
**Be my guest.**
비 마이 게슷

## Unit 4 부탁을 거절할 때

0567 안 되겠는데요.
**I'd rather not.**
아이드 래더 낫

0568 미안하지만, 지금은 안 되겠는데요.
**I'm sorry, but I can't now.**
암 쏘리    버라이 캐앤 나우

0569 미안하지만, 그렇게는 안 되겠는데요.
**I'm sorry, but I can't do it.**
암 쏘리    버라이 캐앤 두 잇

0570 그건 무리한 요구입니다.
**It's a difficult task.**
잇쳐 디휘컬트 테슥

0571 시간이 필요합니다.
**It takes time.**
잇 테익스 타임

# Unit 5    우회적으로 거절할 때

☐ 어쩐지 할 기분이 아니군요.
0572
**I'm not in the mood.**
암 낫 인 더 무드


☐ 아직 그럴 준비가 되지 않았습니다.
0573
**Well, I'm not prepared for that.**
웰     암 낫 프리페어드 훠 댓


☐ 다음 기회에 꼭 할 거예요.
0574
**Give me a rain check, please.**
깁 미 어 레인 첵       플리즈


☐ 금방은 무리라고 생각합니다.
0575
**I'm afraid I can't make it right away.**
암 어후레이드 아이 캐앤 메이킷 라이러웨이


☐ 글쎄요. 다음 기회에.
0576
**Well, maybe some other time.**
웰     메이비 썸 아더 타임

# Chapter 07 대화를 시도할 때

대화를 자연스럽게 스타트하기 위해서는 공통의 화제로 상대의 주의를 끌도록 합니다. Nice day, isn't it?(날씨가 좋죠?)처럼 날씨부터 시작하는 것이 가장 무난한 표현입니다.
모르는 상대이건 아는 상대이건 다른 사람에게 말을 걸 때는 「Excuse me, but~」이라고 표현하는 것이 가장 일반적입니다. 또한 상대와 대화를 원할 때는 상대의 사정을 살피며 Do you have some time?(시간 좀 있으세요?)라고 하면 됩니다.

## Unit 1  말을 걸 때

0577
☐ 이야기 좀 할 수 있을까요?
**Can I have a word with you?**
캔 아이 해버 워드 위(드)유

0578
☐ 말씀드릴 게 좀 있습니다.
**I need tell you something.**
아이 니드 텔 유 썸씽

129

0579 드릴 말씀이 있는데요.
**I tell you what.**
아이 텔 유 왓

0580 잠깐 이야기를 나누고 싶은데요.
**I'd like to have a word with you.**
아이드 라익 투 해버 워드 위(드)유

0581 당신에게 할 이야기가 좀 있습니다.
**I have something to tell you.**
아이 해브 썸씽 투 텔 유

0582 잠깐 이야기 좀 할까요?
**Do you have a second?**
두 유 해버 쌔컨(드)

0583 할 이야기가 좀 있습니다.
**I want to speak to you for a moment.**
아이 원 투 스픽 투 유 훠러 모먼

0584 잠시만 이야기하면 됩니다.
**I'll tell it to you fast.**
알 텔 잇 투 유 홰스(트)

0585 잠깐 시간 좀 내 주시겠어요?
**Do you have a few minutes to spare?**
두 유 해버 휴 미닛츠 투 스패어

0586 잠시 이야기 좀 할 수 있을까요?
**Can I talk to you for a minute?**
캔 아이 톡 투 유 훠러 미닛

## Unit 2 | 대화 도중에 말을 걸 때

0587 말씀 중에 잠깐 실례를 해도 될까요?
**May I interrupt you?**
메아이 인터럽츄

0588 말씀 도중에 죄송합니다만….
**Sorry to interrupt, but….**
쏘리 투 인터럽            벗

0589 김씨, 저와 이야기 좀 할 수 있을까요?
**Mr. Kim, can I talk with you?**
미스터 킴       캔 아이 톡 위(드)유

## Unit 3 | 용건을 물을 때

0590 무슨 이야기를 하고 싶으세요?
**What do you have on your mind?**
왓 두 유 해브 온 유어 마인드

131

0591 ☐ 제가 도와 드릴 게 있나요?
**Is there anything I can do for you?**
이즈 데어 에니씽 아이 캔 두 훠 유

0592 ☐ 나한테 뭔가 이야기하고 싶으세요?
**Do you want to talk to me about anything?**
두 유 원 투 톡 투 미 어바웃 에니씽

0593 ☐ 무슨 말을 하고 싶으신 거죠?
**What would you like to say?**
왓 우쥬 라익 투 쎄이

0594 ☐ 무엇을 도와 드릴까요?
**Can I help you?**
캔 아이 헬퓨

0595 ☐ 난처하신 것 같은데, 제가 할 수 있는 일이 있습니까?
**You look lost. Can I help you?**
유 룩 로슷           캔 아이 헬퓨

| **Unit 4** | 모르는 사람에게 말을 걸 때 |

0596 ☐ 날씨가 좋죠, 그렇죠?
**Nice day, isn't it?**
나이스 데이     이즌 잇

132

0597 시원해서 기분이 좋죠, 그렇죠?
**It's nice and cool, isn't it?**
잇스 나이스 앤 쿨　　　이즌 잇

0598 날씨가 안 좋죠?
**Nasty weather, isn't it?**
내스티 웨더　　　이즌 잇

0599 여기는 처음이십니까?
**Are you new here?**
아유 뉴 히어

*I'm a stranger. (초행입니다.)

0600 이 자리에 누구 있습니까?
**Is this seat taken?**
이즈 디스 씻 테이컨

0601 멀리 가십니까?
**Are you going far?**
아유 고잉 파 화

0602 신문 보시겠습니까?
**Would you like to see the paper?**
우쥬 라익 투 씨 더 페이퍼

0603 경치가 멋지죠, 그렇죠?
**What a nice view, isn't it?**
와러 나이스 뷰　　　이즌 잇

0604 영어로 말할 줄 아세요?
**Do you speak English?**
두 유 스픽 잉글리쉬

# Chapter 08 대화의 연결과 진행

잠깐 말이 막히거나 생각을 하면서 말하거나 할 때의 연결 표현은 상대의 기분을 거슬리지 않기 위해서도 매우 중요하고, 회화에서 가장 기본적인 기술의 하나라고 할 수 있습니다. Well, ~ 은 대화에서 침묵을 피할 때 적절하게 쓸 수 있는 표현입니다. 이건 Wait a minute. ~ (잠시 기다려 주십시오. ~)에 해당하는 대화의 연결 표현이므로 자연스럽게 말하면서 다음 말을 생각하도록 합시다.

## Unit 1 말을 재촉할 때

0605
□ 빨리 말씀하세요.
**Tell me quickly.**
텔 미 퀵클리

0606
□ 즉시 말해 주세요.
**Tell me at once.**
텔 미 앳 원스

0607
□ 할말이 있으면 하세요.
**Say what's on your mind.**
쎄이 왓스 온 유어 마인드

☐ 이유를 말해 보세요.
0608
**Tell me why.**
텔 미 와이

☐ 하고 싶은 말을 하세요.
0609
**Say what you want to say.**
쎄이 왓 유 원 투 쎄이

☐ 누가 그렇게 말했는지 말해 보세요.
0610
**Tell me who has said so.**
텔 미 후 해즈 쎄드 쏘

☐ 그래서 당신은 뭐라고 했습니까?
0611
**And what did you say?**
앤 왓 디쥬 쎄이

## Unit 2 | 간단히 말할 때

☐ 간단히 말해!
0612
**Cut it short!**
커릿 숏

☐ 본론을 말씀하세요.
0613
**Just tell me your point.**
저슷 텔 미 유어 포인트

☐ 바로 요점을 말하세요.
0614
**Get right down to business.**
겟 롸잇 다운 투 비즈니스

☐ 요점을 말씀드리자면….
0615
**Coming to the point….**
커밍 투 더 포인트

## Unit 3 | 화제를 바꿀 때

☐ 화제를 바꿉시다.
0616
**Let's change the subject.**
렛스 체인쥐 더 서브젝트

☐ 뭔가 다른 이야기를 합시다.
0617
**Let's talk about something else.**
렛스 토커바웃 썸씽 엘스

☐ 화제를 바꾸지 마세요.
0618
**Don't change the subject.**
돈 체인쥐 더 서브젝트

☐ 그런데….
0619
**By the way, …**
바이 더 웨이

0620 ☐ 그건 다른 이야기잖아요.
**That's another question.**
댓츠 어나더 퀘스쳔

0621 ☐ 제가 한 말을 취소하겠습니다.
**I'll take back my words.**
아일 테익 백 마이 워즈

## Unit 4 | 말이 막힐 때

0622 ☐ 음 (뭐랄까?)
**Well… / Let me see.**
웰    렛 미 씨

0623 ☐ 글쎄, 제 말은….
**Well, what I mean ….**
웰    와라이 민

0624 ☐ 실은….
**As a matter of fact, …**
애저 매러업 홱

0625 ☐ 그걸 어떻게 말해야 될까요?
**How can I say it?**
하우 캔 아이 쎄이 잇

☐ 제가 어디까지 말했죠?
0626　**Where was I?**
웨어 워즈 아이
*Where am I? 여기가 어디죠?

☐ 우리가 어디까지 이야기했죠?
0627　**Where were we?**
웨어 워 위

## Unit 5　말을 꺼내거나 잠시 주저할 때

☐ 있잖아요, …
0628　**I tell you what, …**
아이 텔 유 왓

☐ 있잖아요(알다시피), …
0629　**You know, …**
유 노우

☐ 생각 좀 해보고요.
0630　**Let me think.**
렛 미 씽-

☐ 음, 그걸 어떻게 말해야 될까요?
0631　**Well, how should I say it?**
웰　　하우 슈다이 쎄이 잇

139

☐ 말하자면, …
0632
**I would say, …**
아이 우드 쎄이

# Unit 6 | 적당한 말이 생각나지 않을 때

☐ 뭐라고 말할까?
0633
**What shall I say?**
왓 쉘 아이 쎄이

☐ 뭐라고 했지. 그래 맞아. …
0634
**What was I going to say? Ah, yes …**
왓 워즈 아이 고잉 투 쎄이    아  예스

☐ 뭐라고 말하면 좋을까?
0635
**What's the word I want?**
왓스 더 워드 아이 원

☐ 무슨 말을 하려고 했지?
0636
**What was I saying?**
왓 워즈 아이 쎄잉

☐ 맞아, 이래요.
0637
**It's like this, you see.**
잇스 라익 디스    유 씨

☐ 자, 글쎄요.
0638 **Well, let me see now.**
웰    렛 미 씨 나우

## Unit 7 | 말하면서 생각할 때

☐ 생각 좀 해보고요.
0639 **Let me think.**
렛 미 씽크

☐ 확실하지 않지만, …이라고 생각합니다.
0640 **I don't know exactly, but I suppose …**
아이 돈 노우 이그잭틀리    버라이 써포우즈

☐ 내 기억이 맞는다면 ….
0641 **If I remember correctly, …**
이파이 리멤버 커렉틀리

☐ 잘 기억나지 않지만….
0642 **Well, I don't remember exactly, …**
웰    아이 돈 리멤버 이그잭틀리

☐ 말하자면, …
0643 **I would say, …**
아이 우드 쎄이

141

☐ 분명하지 않지만, …
0644
**I'm not sure, …**
암 낫 슈어

☐ 굳이 말한다면, …
0645
**If I really had to give an answer, …**
이퐈이 릴리 해드 투 기번 앤서

# Chapter 09 주의와 충고를 할 때

English Conversation for Beginners

조언과 충고를 할 때 주로 쓰이는 had better는 명령이나 강제에 가까운 표현이므로 손윗사람에게는 쓰지 않는 것이 좋습니다. 따라서 「~하는 게 좋습니다」에 해당하는 should나 ought to를 사용하는 것이 일반적입니다. You might as well~은 「~하는 것도 좋지 않을까요?」는 위의 것보다는 더욱 완곡한 표현입니다. I don't think you ought to~는 「~하지 않는 게 좋겠어요?」의 의미를 나타낼 때 쓰이는 자연스런 표현입니다.

## Unit 1 주의를 줄 때

0646
□ 그러면 안 돼요.
**That's not nice.**
댓츠 낫 나이스

0647
□ 이러시면 안 되는데요.
**You shouldn't do this.**
유 슈든 두 디스

143

☐ 개의치 마십시오.
0648 **Please don't bother.**
플리즈 돈 바더

☐ 쓸데없는 짓 말아요(귀찮게 하지 마세요).
0649 **Don't ask for trouble.**
돈 애슥 훠 트러벌

☐ 나쁜 친구들을 사귀지 마라.
0650 **Don't get into bad company.**
돈 겟 인투 배드 컴퍼니

☐ 그에게 너무 심하게 대하지 말아요.
0651 **Don't be too hard on him.**
돈 비 투 하드 온 힘

☐ 비밀을 누설하지 마세요.
0652 **Don't let the cat out of the bag.**
돈 렛 더 캣 아우롭 더 백

☐ 이제 싸움을 그만 하지요.
0653 **Let's smoke a peace-pipe.**
렛스 스모커 피스 파이프

☐ 그것을 중지하도록 하세요.
0654 **You'd better put a stop to it.**
유드 베러 푸러 스탑 투 잇

0655 그 사람과 사귀지 마세요.
**Don't associate with him.**
돈 어쏘쉬에잇 위드 힘

0656 오해하지는 마세요.
**Don't get me wrong.**
돈 겟 미 렁

0657 일부러 그런 짓은 하지 마세요.
**Don't go and do a thing like that.**
돈 고 앤 두 어 씽 라익 댓

0658 나한테 쓸데없는 칭찬을 하지 마세요.
**No soft soap for me.**
노 소흐트 쏩 훠 미

0659 제발 언성을 높이지 마십시오.
**Don't raise your voice, please.**
돈 레이즈 유어 붜이스     플리즈

0660 너무 굽실거리지 마세요.
**Don't sing small.**
돈 씽 스몰

0661 돈을 낭비하고 다니지 마라!
**Don't throw your money around!**
돈 쓰로 유어 마니 어롸운드

145

0662 주의하는 것이 좋겠어요!
**Better watch out!**
베러 왓치 아웃

0663 그의 말을 액면 그대로 받아들이지 마세요!
**Don't take what he says at face value!**
돈 테익 왓 히 쎄즈 앳 훼이스 밸류

0664 자동차를 조심하세요!
**Watch out for the cars!**
왓취 아웃 풔 더 카즈

## Unit 2 | 충고할 때

0665 나를 실망시키지 마세요.
**Don't let me down.**
돈 렛미 다운

0666 잊지 말고 기억하세요(명심하세요).
**Keep that in mind.**
킵 댓 인 마인드

0667 자존심을 버리세요.
**Pocket your pride.**
파킷 유어 프라이드

0668 이것을 잠깐 보십시오!
**Take a gander at this.**
테이커 잰더랫 디스

0669 선수를 치세요.
**Catch the ball before the bound.**
캣취 더 볼 비훠 더 바운드

0670 너는 진지해야 한다.
**You should keep a straight face.**
유 슈드 킵퍼 스트레잇 훼이스

0671 여론에 귀를 기울이세요.
**Hold your ear to the ground.**
홀드 유어 이어 투 더 그라운드

0672 그걸 너무 심각하게 받아들이지 마세요.
**Don't take it to heart.**
돈 테이킷 투 하트

0673 그는 나에게 많은 충고를 해 주었어요.
**He gave me many pieces of advice.**
히 게이브 미 매니 피씨즈 어(브) 어드바이스

0674 최선을 다해라.
**Be all you can be.**
비 올 유 캔 비
*Do your best.

0675 말보다는 행동이 중요해요.
**Action speaks louder than words.**
액션 스픽스 라우더 덴 워즈

0676 당신은 그 생각을 버려야 해요.
**You must give up the idea.**
유 머숫 기법 디 아이디어

0677 당신은 그것을 잘 이용해야 해요.
**You should take advantage of it.**
유 슈드 테익 애드밴티쥐 어빗

0678 격식 따위는 따지지 마세요.
**Don't stand on ceremony.**
돈 스탠돈 쌔러모니

## Unit 3   조언을 할 때

0679 쉬는 게 좋지 않겠어요?
**Why don't you stay in bed?**
와이 돈츄 스테이 인 배드

0680 남이야 뭘 하던 상관 않는 것이 좋을 겁니다.
**Don't poke your nose into my business.**
돈 포큐어 노즈 인투 마이 비즈니스

0681
□ 규칙대로 하는 것이 좋을 겁니다.
**You'd better go by the book.**
유드 베러 고 바이 더 북

0682
□ 일찍 자고 일찍 일어나는 게 좋아요.
**You'd better keep early hours.**
유드 베러 킵 얼리 아워즈

0683
□ 실수를 할까봐 두려워 마세요.
**Don't be afraid of making mistakes.**
돈 비 어후레이덥 메이킹 미스테익스

English Conversation for Beginner

nglish Conversation for Beginners

## part 4

## 거리낌없는 감정

01. 희로애락을 나타낼 때
02. 놀라움과 무서움을 나타낼 때
03. 근심과 격려를 나타낼 때
04. 불만과 불평을 할 때
05. 감탄과 칭찬을 할 때
06. 비난과 책망을 할 때

미국인은 대화를 할 때 사람의 감정을 자연스럽게 얼굴에 눈짓이나 피부색 웃음 등으로 나타내는 것이 통례이고, 감정의 표현을 얼굴에 나타내는 것을 좋은 자질로 봅니다. 따라서 미국인들은 평범한 대화 시에나 인사를 할 때, 또 모르는 사람을 지나치거나 눈이 마주칠 때도 미소를 잘 띱니다. 미소를 짓는다고 자신에게 특별한 호감을 가졌다고 생각하거나 자신의 요구가 수락되었다고 생각해서는 안 됩니다. 그들에게 타인을 향한 미소는 단지 하나의 습관일 때가 많습니다.

# Chapter 01 희로애락을 나타낼 때

경치나 그림 등을 보고 그 기쁨을 표현할 경우에는 Oh, that's beautiful!(와, 아름답군요!), That's wonderful!(멋지군요!) 등으로 말하십시오. 이것은 상대를 칭찬할 때도 쓸 수 있으므로 기억해 두면 도움이 될 겁니다. 또한 테니스 등 스포츠를 즐길 때는 It's a lot of fun.(테니스 재밌어요.), I get so excited.(유쾌하군요.)라고 기쁨을 표현합니다. 우리말에서는 그다지 직접적으로 기쁨이나 즐거움을 표현하지 않지만, 영어에서는 I'm so pleased.(나는 정말 기쁘다.) 등처럼 분명하게 자신의 감정을 상대에게 전합시다.

## Unit 1  기쁠 때

☐ 무척 기뻐요!
0684
**I'm very happy!**
암 베리 해피

☐ 몹시 기뻐.
0685
**I'm overjoyed.**
암 오버죠이드

0686 기뻐서 펄쩍 뛸 것 같아.
**I'm about ready to jump out my skin.**
암 어바웃 뤠디 투 점파웃 마이 스킨

0687 기뻐서 날아갈 것 같았어요.
**I jumped for joy.**
아이 점프트 훠 조이

0688 제 생애에 이보다 더 기쁜 적이 없었어요.
**I've never been happier in my life.**
아이브 네버 빈 해피어 인 마이 라입

0689 날아갈 듯 해.
**I'm flying.**
암 플라잉

0690 기분 끝내주는군!
**What a great feeling!**
와러 그레잇 휠링

0691 너무 기뻐서 말이 안 나와요.
**I'm so happy, I don't know what to say.**
암 쏘 해피    아이 돈 노우 왓 투 쎄이

0692 제 아들이 성공해서 무척 기뻐요.
**I'm very pleased with my son's success.**
암 베리 플리즈드 위드 마이 선즈 석쎄스

part 4 거리낌없는 감정

153

☐ 더 이상 기쁠 수 없을 거야.
0693
**I couldn't be happier with it.**
아이 쿠든 비 해피어 위딧

# Unit 2   즐거울 때

☐ 즐거워요.
0694
**I'm having fun.**
암 해빙 훤

☐ 정말 즐거워요!
0695
**What a lark!**
와러 락

☐ 좋아서 미치겠어요.
0696
**I'm tickled pink.**
암 티클드 핑크

☐ 정말 기분이 좋군!
0697
**Oh! How glad I am!**
오   하우 글래드 아이 엠

☐ 콧노래라도 부르고 싶은 기분입니다.
0698
**I feel like humming.**
아이 휠 라익 허밍

0699 난 정말로 만족스러워.
**I'm completely contented.**
암 컴플리트리 컨텐티드

0700 마음이 아주 편안해요.
**My mind is completely at ease.**
마이 마인드 이즈 컴플리트리 앳 이즈

## Unit 3  기쁜 소식을 들었을 때

0701 그 소식을 들으니 정말 기쁩니다.
**I'm glad to hear that.**
암 글래드 투 히어 댓

0702 대단한 소식이야!
**What wonderful news!**
왓 원더훨 뉴스

0703 듣던 중 반가운데요.
**That's nice to hear.**
댓츠 나이스 투 히어

0704 그거 반가운 소식이군요.
**That's good news.**
댓츠 굿 뉴스

155

## Unit 4 　기쁠 때 외치는 소리

☐ 만세!
0705
**Hurrah!**
후뤠이

☐ 브라보!
0706
**Bravo!**
브라보

☐ 만세!
0707
**Hip, hip, hurray!**
힙　　힙　　후뤠이

☐ 야, 만세!
0708
**Yippee!**
이피

## Unit 5 　자신이 화가 날 때

☐ 알았어, 알겠다고.
0709
**All right, I will.**
올 롸잇　　아이 윌

0710 내게 말하지 마.
**Don't talk to me.**
돈 톡 투 미

0711 당신 때문에 미치겠어요.
**You drive me crazy.**
유 드라이브 미 크레이지

0712 더 이상은 못 참겠어요(됐습니다).
**Enough is enough.**
이넙 휘즈 이넙

0713 미치겠어요.
**I'm going crazy.**
암 고잉 크레이지

0714 너무 화가 나서 터질 것만 같아.
**I'm so angry I could blow.**
암 쏘 앵그리 아이 쿠드 블로우

0715 참는 것도 한도가 있어요.
**My patience is worn out.**
마이 페이션스 이즈 원 아웃
*worn out 녹초가 되다, 지치다

0716 그 사람을 볼 때마다 열 받아요.
**I get fired up everytime I see him.**
아이 겟 화이어덥 에브리타임 아이 씨 힘

## Unit 6  상대방이 화가 났을 때

0717
☐ 화났어요?
**Are you angry?**
아유 앵그리

0718
☐ 아직도 화나 있어요?
**Are you still angry?**
아유 스틸 앵그리

0719
☐ 그래서 나한테 화가 났어요?
**Are you angry with me on that score?**
아유 앵그리 위드 미 온 댓 스코어

0720
☐ 뭐 때문에 그렇게 씩씩거리니?
**What's got you all in a huff?**
왓스 갓츄 올 이너 헙

0721
☐ 왜 그런지 모르겠어요.
**I don't know why.**
아 돈 노우 와이

0722
☐ 그는 몹시 화가 나 있어요.
**He's on the warpath.**
히즈 온 디 워패쓰

# Unit 7    화가 난 상대를 진정시킬 때

0723
- 진정하세요.
  **Calm down!**
  캄 다운
  *Don't get excited! / Cool it!

0724
- 화 내지 마세요.
  **Please don't get angry.**
  플리즈 돈 겟 앵그리

0725
- 흥분을 가라앉혀.
  **Simmer down.**
  씨머 다운

0726
- 이성을 잃으면 안 돼.
  **Don't lose your temper.**
  돈 루즈 유어 템퍼

0727
- 나한테 화내지 마라.
  **Don't take it out on me.**
  돈 테이키아웃 온 미

0728
- 이런 일에 화낼 필요 없어.
  **Don't get so uptight about this.**
  돈 겟 쏘 업타잇 어바웃 디스

☐ 너무 화내지 마.
0729 **Don't get so upset.**
돈 겟 쏘 업셋

☐ 진정해. 이 정도도 다행이지 뭐.
0730 **Relax. It could be worse, you know.**
릴렉스    잇 쿠드 비 워스       유 노우

# Unit 8 | 슬플 때

☐ 아, 슬퍼요!
0731 **Alas!**
얼래스

☐ 어머 가엾어라!
0732 **What a pity!**
와러 피티

☐ 어머, 가엾어라!
0733 **Oh, poor thing!**
오    푸어 씽

☐ 저는 비참해요.
0734 **I feel miserable.**
아이 휠 미저러블

☐ 영화가 너무 슬퍼요.
0735　**The movie is so sad.**
더 무비이즈 쌔(애)드

☐ 슬퍼서 울고 싶은 심정이에요.
0736　**I'm so sad I could cry.**
암 쏘 쌔(애)드 아이 쿠드 크라이

☐ 세상이 꼭 끝나는 것 같아.
0737　**I feel like the world is coming to an end.**
아이 휠 라익 더 월드 이즈 커밍 투 언 엔드

☐ 울고 싶어요.
0738　**I feel like crying.**
아이 휘얼 라익 크라잉

## Unit 9 | 우울할 때

☐ 저는 우울해요.
0739　**I'm depressed.**
암 디프레스트

☐ 저는 희망이 없어요.
0740　**I'm hopeless.**
암 호웁리스

161

0741 아무것도 하고 싶은 생각이 없어요.
**I don't feel like doing anything.**
아이 돈 휠 라익 두잉 에니씽

0742 저는 지금 절망적인 상태예요.
**I'm in a no-win situation now.**
아이미너 노 윈 씨츄에이션 나우

0743 저를 우울하게 만들지 마세요.
**Don't let it make my brown eyes blue.**
돈 레릿 메익 마이 브라운 아이즈 블루

## Unit 10　슬픔과 우울함을 위로할 때

0744 내가 당신 옆에서 돌봐 줄게요.
**I'll stick by you.**
알 스틱 바이 유

0745 너무 우울해하지 마.
**Don't get too down.**
돈 겟 투 다운

0746 기운 내.
**Cheer up.**
치어럽

0747 너는 이겨낼 거야.
**You'll get through this.**
유윌 겟 쓰루 디스

0748 슬픔에 굴복해서는 안 돼요.
**Don't give way to grief.**
돈 깁 웨이 투 그리프

0749 잠을 자고 슬픔을 잊어버리세요.
**Sleep off your sorrow.**
슬립 오퓨어 싸로우

0750 어떻게 견디고 계세요?
**How are you holding up?**
하 아유 홀딩 업

0751 부친께서 돌아가셨다니, 참 안 됐습니다.
**I'm very sorry to hear that your father passed away.**
암 붸리 쏘리 투 히어 댓 유어 화더 패스트 어웨이

# Chapter 02 놀라움과 무서움을 나타낼 때

감정 표현을 풍부하게 하는 수단의 하나로써 놀라움과 무서운 마음을 표현할 때는 어설프게 흉내를 내는 것보다 자연스럽게 표현하는 게 좋습니다. 흔히 영화 등을 통해서 미국인들이 놀라거나 일을 망쳤을 때 Oh, my God!이라고 합니다. 또한, surprise, astonish, startle, shock, scare, frighten 등의 동사는 모두 「(상대를) 놀라게 하다」의 뜻을 가진 타동사이므로 자신이 놀랐을 때는 be surprised, be astonished… 등처럼 수동태로 표현합니다.

## Unit 1 자신이 놀랐을 때

0752
☐ 저런, 세상에!
**Oh, my God!**
오 마이 갓

0753
☐ 하느님 맙소사!
**My goodness!**
마이 굿니스

0754 말도 안 돼!
**No way!**
노 웨이

0755 아차!
**Oh, dear!**
오 디어

0756 어머나!
**Good God!**
굿 갓

0757 오, 안 돼!
**Oh, no!**
오 노

0758 세상에(와! 신난다)!
**Yahoo!**
야후

0759 아이 깜짝이야!
**Gee!**
쥐

0760 놀랍군요!
**How surprising!**
하우 써프라이징

part 4 거리낌없는 감정

165

**0761** 아이, 깜짝 놀랐잖아.
**Oh, I'm surprised.**
오 암 써프라이즈드

**0762** 정말 놀랐어.
**I was completely surprised.**
아이 워즈 컴플리트리 써프라이즈드

**0763** 놀라워!
**What a surprise!**
와러 써프라이즈

**0764** 믿을 수 없어.
**I don't believe it.**
아이 돈 빌리빗

**0765** 굉장한데!
**That's awesome.**
댓츠 오:썸

**0766** 정말 충격이야.
**It was a total shock.**
잇 워저 토를 쇽

**0767** 이거 큰일 났군!
**We really are in trouble!**
위 릴리 아 인 츠러블

0768 놀랍군요.
**Amazing!**
어메이징

0769 너 때문에 놀랬잖아.
**You startled me.**
유 스타틀드 미

0770 내 눈을 믿을 수가 없어.
**I couldn't believe my eyes.**
아이 쿠든 빌리브 마이 아이즈

## Unit 2　상대방이 놀랐을 때

0771 놀랐니?
**Are you surprised?**
아유 써프라이즈드

0772 진정해.
**Calm down.**
캄 다운

0773 놀라지 마세요.
**Don't alarm yourself.**
돈 얼람 유어셀흐

☐ 전혀 놀랄 것 없어요.
0774 **There's no cause for alarm.**
데어즈 노 코우즈 훠 얼람

☐ 놀랄 것까지는 없어요.
0775 **This is hardly a matter for surprise.**
디씨즈 하드리 어 매러 훠 써프라이즈

☐ 여러분, 침착하세요. 놀랄 거 없어요.
0776 **Relax, everyone. There's no cause for alarm.**
릴렉스  애브리원    데어즈 노 코우즈 훠 얼람

☐ 앉아서 긴장을 푸는 게 좋겠어요.
0777 **You'd better go sit down and relax.**
유드 베러 고 씻 다운 앤 릴렉스

☐ 숨을 깊이 들이쉬세요.
0778 **Take a deep breath.**
테이커 딥 브레쓰

| Unit 3 | 믿겨지지 않을 때 |

☐ 정말?
0779 **Really?**
릴리

168

☐ 믿을 수 없어!
0780 **That's incredible!**
댓츠 인크레더블

☐ 설마, 믿을 수 없어.
0781 **No! I can't believe it.**
노    아이 캔앤 빌리빗

☐ 농담하시는 건가요?
0782 **Are you kidding?**
아유 키딩

☐ 진정인가요?
0783 **Are you serious?**
아유 씨리어스

☐ 그것은 금시초문인데요.
0784 **That's news to me.**
댓츠 뉴스 투 미

## Unit 4 | 무서울 때

☐ 무서워요.
0785 **I'm scared.**
암 스케어드

169

0786  
그 생각만 하면 무서워요.  
**I dread the thought of that.**  
아이 드레드 더 쏘트 업 댓

0787  
등골에 땀이 나요.  
**I have perspiration on my back.**  
아이 해버 퍼스퍼레이션 온 마이 백

0788  
정말 무서운 영화였어.  
**That was a really scary movie.**  
댓 워저 륄리 스케어리 무비

0789  
간 떨어질 뻔했어요.  
**I almost dropped a load.**  
아이 올모스(트) 드랍더 로드

0790  
그것 때문에 소름이 끼쳤어요.  
**That gave me the creeps.**  
댓 게이브 미 더 크립스

0791  
내 팔에 소름 끼치는 것 좀 보세요.  
**Look at these goose bumps on my arms.**  
루앳 디즈 구스 범(프)스 언 마이 암즈

0792  
무서운 생각이야.  
**It's a frightening thought.**  
잇처 후라이트닝 쏘:(트)

0793 난 무서워서 아무것도 할 수가 없었어.
**I was too scared to do anything.**
아이 워즈 투 스케어드 투 두 에니씽

## Unit 5 | 진정시킬 때

0794 무서워하지 마세요.
**Don't be scared.**
돈 비 스케어드

0795 진정하세요.
**Put your mind at ease about that.**
풋츄어 마인드 앳 이즈 어바웃 댓

0796 두려워하지 마세요.
**Never fear!**
네버 휘어

# Chapter 03 근심과 격려를 나타낼 때

위로하는 방법에도 여러 가지가 있습니다만, 본인이 I'm so sad.(슬퍼요.)라고 말하는 것 같으면, I know things will work out.(반드시 잘될 거예요.)라고 격려합니다. 또한 친한 친구라면 I want to be of help.(너에게 도움이 되고 싶어.)라고 말할 수 있습니다.

상대에게 용기를 북돋아줄 수 있는 That's too much.(큰일이군요.) / That's terrible.(심하네요.) / What a pity!(유감이군요.) 등도 많이 쓰이는 표현입니다.

## Unit 1 걱정을 물을 때

□ 무슨 일이야?
0797
**What's the problem?**
왓스 더 프라블럼

□ 뭣 때문에 괴로워하고 있는 거야(고민거리가 뭡니까)?
0798
**What's bothering you?**
왓스 바더링 유

0799 걱정되는 일이라도 있으세요?
**Do you have something on your mind?**
두 유 해브 썸씽 온 유어 마인드

0800 무슨 일로 걱정하세요?
**What's your worry?**
왓스 유어 워리

0801 집에 무슨 일이 있으세요?
**Do you have any trouble at home?**
두 유 해버니 츠러블 앳 홈

0802 뭘 그리 초조해하고 있니?
**What are you fretting over?**
워라유 후레팅 오버

0803 무슨 일이세요?
**What's wrong?**
왓스 렁

0804 안색이 형편없군요.
**You look terrible.**
유 룩 테러벌

0805 걱정되는 일이 있었나요?
**Did you have something on your mind?**
디쥬 해브 썸씽 온 유어 마인(드)

part 4 거리낌없는 감정

173

0806 왜 그러세요? 몸이 편찮으세요?
**What's the matter? Don't you feel well?**
왓스 더 매러    돈츄 휠 웰

0807 피곤해 보이는데 웬일인가요?
**How come you look so tired?**
하우 컴 유 룩 쏘 타이어드

0808 오늘 기분이 언짢아 보이는데….
**You look under the weather today.**
유 룩 언더 디 웨더 투데이

0809 저는 이제 어떡하죠?
**What shall I do now?**
왓 쉘 아이 두 나우

0810 우울해 보이네요.
**You look down.**
유 룩 다운

## Unit 2  위로할 때

0811 걱정하지 마세요.
**Don't worry.**
돈 워리

174

**0812** 좋아질 거예요.
**There are sunny days ahead.**
데어라 써니 데이즈 어헤드

**0813** 그런 걱정은 잊어버리세요.
**Put such worries out of your head.**
풋 써취 워리즈 아우럽 유어 헤드

**0814** 긍정적으로 생각하세요.
**Be positive.**
비 파저티브

**0815** 그것은 문제없어요.
**That's easy.**
댓츠 이지

**0816** 물론 확실합니다.
**Sure, I'm sure.**
슈어   암 슈어

**0817** 자, 걱정할 것 없어요.
**Well, never mind.**
웰   네버 마인

**0818** 부담스럽게 생각하지 마세요.
**Think nothing of it.**
씽크 낫씽 어빗
*Don't worry about it.

part 4 거리낌없는 감정

175

☐ 낙담하지 말아요.
0819
**Never say die.**
네버 쎄이 다이

*Try not to get depressed.

☐ 당신의 마음을 잘 알아요.
0820
**I know how you feel.**
아이 노우 하우 유 휠

☐ 걱정말고 말해요.
0821
**Come out and say it.**
컴 아웃 앤 쎄잇

☐ 없는 것보다는 낫잖아요.
0822
**It's better than nothing.**
잇스 베러 덴 낫씽

## Unit 3 격려할 때

☐ 자, 힘을 내. 너는 할 수 있어.
0823
**Come on, you can do it.**
컴 온     유 캔 두 잇

☐ 기운 내!
0824
**Cheer up!**
치어럽

0825 좀더 힘내세요.
**Be of better cheer!**
비 업 베러 치어

0826 진정하세요.
**Calm down.**
캄 다운

0827 자, 기운을 내세요.
**Come on, snap out of it!**
컴 온　　　스냅 아우러빗

0828 행운을 빌게.
**Good luck!**
굿 럭

0829 힘내라!
**Go for it!**
고 훠릿
*우리말의 "파이팅"이란 Way to go!이다.

0830 포기하면 안돼요.
**Don't give up.**
돈 기법

0831 너라면 할 수 있어.
**You can do it!**
유 캔 두 잇

part 4 거리낌없는 감정

177

☐ 자신을 가져요.
0832
**Be confident in yourself.**
비 칸휘던트 인 유어셀프

☐ 힘내, 파이팅!
0833
**Go get them tiger!**
고 겟 뎀 타이거

☐ 나는 네 편이야.
0834
**I'm on your side.**
암 온 유어 싸이(드)

# Chapter 04 불만과 불평을 할 때

상대방에 자신의 감정을 솔직히 나타내 보이는 것은 때로는 그 사람과 친밀해질 수 있는 좋은 방법의 하나입니다. 따라서 상황에 맞는 표현을 찾아 Intonation(억양), Accent(강세), Gesture(표정)를 싣는다면 상대는 감정이 풍부한 사람으로 기억하게 될 것입니다.

「진짜 싫은」, 「심한」, 「싫은」이라는 부정적인 감정을 나타내는 형용사에는 terrible, horrible, awful;annoying, boring(지루한);disgusting, nauseating(아주 지겨운) 등이 있습니다.

## Unit 1 귀찮을 때

0835
아, 귀찮아.
**Oh, bother!**
오 바더

0836
정말 귀찮군.
**What a nuisance!**
와러 뉴선스

☐ 누굴 죽일 생각이세요?
0837
**Do you want to see me dead?**
두 유 원 투 씨 미 데드

☐ 당신은 참 짜증나게 하는군요.
0838
**You're very trying.**
유어 뷔리 츠라잉

☐ 또 시작이군.
0839
**Here we go again.**
히어 위 고 어게인

☐ 나 지금 바빠. 제발 저리 좀 비켜라.
0840
**I'm busy right now. Please buzz off.**
암 비지 라잇 나우          플리즈 버좁

| Unit 2 | 불평을 할 때 |

☐ 당신 또 불평이군요.
0841
**You're always complaining.**
유어 올웨이즈 컴플레이닝

☐ 무엇을 불평하고 계십니까?
0842
**What are you complaining about?**
와라유 컴플레이닝 어바웃

180

0843 너무 투덜거리지 마!
**Never grumble so!**
네버 그럼블 쏘

0844 너무 그러지 마.
**Why don't you give it a rest?**
와이 돈츄 기비러 뤠스(트)

0845 불평불만 좀 그만해.
**Quit your bitching and moaning.**
콰잇 유어 비칭 앤 모닝

0846 이제 그만 좀 불평해.
**Keep your complaints to yourself.**
키퓨어 컴플레인츠 투 유어셀흐

0847 그만 좀 불평해.
**Stop your bellyaching.**
스탑 유어 벨리애이킹

## Unit 3 　불만을 나타낼 때

0848 저로서는 불만입니다.
**As for myself, I'm not satisfied.**
애즈 훠 마이셀흐　　암 낫 새티스화이드

0849 나한테 불만 있어요?
**Do you have something against me?**
두 유 해브 썸씽 어겐스트 미

0850 뭐가 그렇게 불만족스러운가요?
**What are you so dissatisfied about?**
와라유 쏘 디쌔티스화이드 어바웃

# Unit 4 지겹고 지루할 때

0851 진짜 지겹다, 지겨워.
**I'm sick and tired of it.**
암 씩 앤 타이어드 어빗

0852 하는 일에 싫증나지 않으세요?
**Aren't you tired of your job?**
안츄 타이어돕 유어 잡

0853 이젠 일에 싫증이 나요.
**I'm tired of my work.**
암 타이어덥 마이 웍

0854 따분하죠, 그렇죠?
**It's boring, isn't it?**
잇스 보링   이즌팃

0855 지루해 죽겠어요.
**Time hangs heavy on my hands.**
타임 행즈 해비 온 마이 핸즈

0856 그건 생각만 해도 지긋지긋해요.
**It makes me sick even to think of it.**
잇 메익스 미 씩 이븐 투 씽코빗

0857 맥이 빠지는군!
**What a drag!**
와러 드랙

0858 이 일은 해도 해도 한이 없군.
**This job never ends.**
디스 잡 네버 앤즈

0859 이것보다 더 지루한 일이 있을까?
**Is there anything more tedious than this?**
이즈 데어 에니씽 모어 티디어스 댄 디스

## Unit 5 | 짜증날 때

0860 정말 짜증스러워요.
**I'm really pissed off.**
암 릴리 피스트 오프

0861 그는 매우 짜증나게 해.
**He frustrates me to no end.**
히 흐러스트레잇츠 미 투 노 앤드

0862 정말 스트레스 쌓이는군!
**It's really stressful!**
잇스 륄리 스트레스훌

# Chapter 05 감탄과 칭찬을 할 때

상대를 칭찬할 경우에는 You are a very good tennis player.(테니스를 잘 치시군요.) 등처럼 말합니다만, 지나치게 치켜세우는 것은 금물입니다. 하지만, 칭찬할 때는 우리말보다는 조금 풍부하게 하는 것이 좋습니다. 만약 당신이 칭찬을 받았다면 Oh, you flatter me.(오, 과찬이십니다.)라고 말하면 될 것입니다. 참고로 You look so great (nice/beautiful).(당신 멋져요.) 등도 칭찬할 때 쓰이는 말입니다.

## Unit 1 감탄의 기분을 나타낼 때

0863
□ 멋지네요! / 훌륭합니다.
**Wonderful! / Great! / Fantastic!**
원더풀   그레잇   휀태스틱

0864
□ 와, 정말 아름답네요!
**Wow, beautiful!**
와우   뷰우터훨

0865 경치가 멋지네요!
**What a lovely view!**
와러 러블리 뷰

0866 맛있네요!
**Good! / Delicious! / Yummy!**
굿　　　딜리셔스　　　여미

0867 잘했어요!
**Good job! / Good for you! / Excellent!**
굿 잡　　　굿 훠 유　　　엑설런트

0868 재미있네요!
**How interesting! / How exciting!**
하우 인터레스팅　　　하우 익사이팅

0869 엄청나네요!
**That's really super!**
댓츠 릴리 슈퍼

0870 멋진 그림이군요!
**What a wonderful picture!**
와러 원더훨 픽쳐

0871 정말 날씨가 좋죠!
**What a glorious day!**
와러 글로리어스 데이

186

0872 아름다운 꽃이죠!
**What lovely flowers!**
왓 러블리 플라워즈

## Unit 2 능력과 성과를 칭찬할 때

0873 대단하군요!
**That's great!**
댓츠 그레잇

0874 잘 하시는군요!
**You're doing well!**
유어 두잉 웰

0875 잘 하셨어요!
**You have done well!**
유 해브 던 웰

0876 정말 훌륭하군요!
**How marvelous!**
하우 마벌러스

0877 참 잘하셨어요.
**You did a good job.**
유 디더 굿 잡

0878 나는 당신이 자랑스럽습니다.
**I am very proud of you.**
아이 엠 붸리 프라우드 러브

0879 상당히 잘 하는군요.
**For a beginner, you're pretty good.**
훠러 비기너   유어 프리티 굿

0880 아주 잘 하고 있어요.
**You are coming along well.**
유어 커밍 얼롱 웰

## Unit 3 | 외모를 칭찬할 때

0881 당신은 정말 신사이군요.
**You're all gentleman.**
유어 올 젠틀먼

0882 멋있군요.
**That's beautiful!**
댓츠 뷰우터휠

0883 나이에 비해 젊어 보이시는군요.
**You look young for your age.**
유 룩 영 훠 유어 에이쥐

0884 아이가 참 귀엽군요!
**What a cute baby!**
와러 큐트 베이비

0885 당신은 눈이 참 예쁘군요.
**You have beautiful eyes.**
유 해브 뷰우터훨 아이즈

0886 어머, 멋있군요!
**Oh, that's keen!**
오 댓츠 킨

0887 그거 참 잘 어울립니다.
**You look stunning in it.**
유 룩 스터닝 이닛

0888 사진보다 실물이 더 예쁘네요.
**You're lovelier than your pictures.**
유어 러블리어 댄 유어 픽쳐스

0889 건강해 보이시는군요.
**You look fit.**
유 룩 휫

0890 어쩜 그렇게 날씬하세요?
**How do you keep in shape?**
하우 두 유 키핀 쉐입

part 4 거리낌없는 감정

189

☐ 나는 당신에게 반했습니다.
0891
**I fell in love with you.**
아이 휄린 러브 위(드)유
*fall in love 사랑에 빠지다

☐ 인기가 대단하시겠어요.
0892
**You must be very popular.**
유 머슷 비 베리 파퓰러

## Unit 4    재주와 실력을 칭찬할 때

☐ 기억력이 참 좋으시군요.
0893
**You have a very good memory.**
유 해버 베리 굿 메모리

☐ 당신은 모르는 게 없군요.
0894
**You must be a walking encyclopedia.**
유 머슷 비어 워킹 엔싸이클로우피디어

☐ 못하는 게 없으시군요.
0895
**Is there anything you can't do?**
이즈 데어 에니씽 유 캐앤 두

0896 당신의 입장이 부럽습니다.
**I wish I were in your shoes.**
아이 위쉬 아이 워린 유어 슈즈
*shoes 입장, 처지

0897 어떻게 그렇게 영어를 잘하십니까?
**How come you speak such good English?**
하우 컴 유 스픽 써치 굿 잉글리쉬

0898 마치 미국 사람처럼 영어를 잘하십니다.
**You speak English without an accent.**
유 스픽 잉글리쉬 윗아웃 언 액센트

## Unit 5 | 그밖에 여러 가지를 칭찬할 때

0899 그거 잘 사셨군요.
**That's a good buy.**
댓처 굿 바이

0900 그거 정말 좋은데요.
**It's so very nice.**
잇스 쏘 베리 나이스

0901 정말 근사한데요.
**It's a real beauty!**
잇처 리얼 뷰티

191

0902 ☐ 멋진 집을 갖고 계시군요.
**You have a lovely home.**
유 해버 러브리 홈

## Unit 6 　친절과 성격에 대해 칭찬할 때

0903 ☐ 친절하기도 하셔라!
**You're so nice!**
유어 쏘 나이스

0904 ☐ 친절도 하시네요.
**That's very nice of you.**
댓츠 베리 나이스 어뷰

0905 ☐ 잘 지적해 주셨어요.
**You got a good point.**
유 가러 굿 포인트

0906 ☐ 어려운 결심을 하셨군요.
**You made a tough decision.**
유 메이더 터흐 디씨젼

0907 ☐ 당신은 참 부지런하시군요.
**You're an early bird, aren't you?**
유어언 얼리 버(어)(드)　　안츄

0908 당신은 참 인사성이 밝으시군요.
**You always know the right thing to say.**
유 올웨이즈 노우 더 롸잇 씽 투 쎄이

## Unit 7 　 칭찬에 대한 응답

0909 칭찬해 주시니 고맙습니다.
**Thank you, I'm flattered.**
땡큐　　　암 훌래터드

0910 과찬의 말씀입니다.
**I'm so flattered.**
암 쏘 훌래터드

0911 너무 치켜세우지 마세요.
**Spare my blushes.**
스페어 마이 블러쉬즈

0912 비행기 태우지 마세요.
**Don't make me blush.**
돈 메익 미 블러쉬

0913 그렇게 말씀해 주시니 고맙습니다.
**It's very nice of you to say so.**
잇스 베리 나이스 어뷰 투 쎄이 쏘

193

# Chapter 06 비난과 책망을 할 때

English Conversation for Beginners

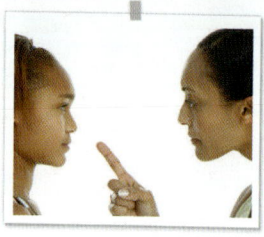

비난을 하거나 말싸움을 하거나 상대를 꾸짖는 표현은 외국인 입장에서는 사용할 기회가 별로 없을 것입니다. 하지만 사람들과의 만남에서 항상 좋은 일만 있을 수 없습니다. 따라서 이러한 표현은 만약을 대비해서 익혀두면 적절하게 활용할 수 있습니다. 상대방의 말이 지나칠 경우에는 How dare you say that to me?(나한테 어떻게 그런 말을 할 수 있어?)라고 따끔하게 한 마디 해두는 것도 잊지 맙시다.

## Unit 1  비난할 때

☐ 창피한 줄 아세요.
0914
**Shame on you.**
쉐임 온 유

☐ 당신 정신 나갔어요?
0915
**Have you lost mind?**
해뷰 로슷 마인드

0916 당신은 바보로군요.
**You're an idiot.**
유어런 이디엇

0917 당신 미쳤군요.
**You're insane.**
유어 인세인

0918 왜 이런 식으로 행동하죠?
**Why are you acting this way?**
와이 아유 액팅 디스 웨이

0919 그 사람 말을 믿다니 당신도 어리석군요.
**It's silly of you to trust him.**
잇스 씰리 어뷰 투 트러슷 힘

0920 너도 마찬가지야!
**The same applies to you.**
더 쎄임 어플라이즈 투 유

0921 저질!
**That's disgusting!**
댓츠 디스거스팅

0922 바보 짓 하지 마!
**Don't make a fool of yourself!**
돈 메익커 풀 오뷰어셀흐

0923 정말 뻔뻔하군!
**What impudence!**
왓 임퓨던스

0924 도대체 무슨 생각으로 그러세요!
**What the big idea!**
왓 더 빅 아이디어

0925 진짜 유치하군.
**You're so childish.**
유어 쏘 촤일디쉬

0926 그는 정말 멍청해.
**He's dumber than a doornail.**
히즈 더머 댄 어 도네일

0927 뭐라고! 그래 그것도 몰라?
**What! You don't know that?**
왓    유 돈 노우 댓

0928 바보나 그렇게 하겠다.
**Only an idiot would do such a thing.**
온리 언 이디엇 우 두 써춰 씽

0929 당신 할 줄 아는 게 뭐예요?
**Don't you know how to do anything right?**
돈츄 노우 하우 투 두 에니씽 라잇

# Unit 2  말싸움을 할 때

0930 너 내 말대로 해!
**You heard me!**
유 허드 미

0931 이봐요! 목소리 좀 낮춰요.
**Hey! Keep your voice down!**
헤이  키퓨어 보이스 다운

0932 바보 같은 소리하지 마세요.
**Don't be silly.**
돈 비 실리
*Don't be foolish.(쓸데없는 소리 마세요.)

0933 당신한테 따질 게 있어요.
**I've got a score to settle with you.**
아이브 가러 스코어 투 쌔를 위(드)유

0934 너 두고 보자!
**You won't get away with this.**
유 원 게러웨이 윗 디스

0935 내가 뭐가 틀렸다는 거야?
**How am I at fault?**
하우 엠 아이 앳 훨트

197

0936 내가 너한테 뭘 어떻게 했다는 거야?
**What did I ever do to you?**
왓 디다이 에버 두 투 유

0937 네가 완전히 망쳤어.
**You really blew it.**
유 륄리 블루 잇

0938 당신이 잘못한 거예요.
**You were in the wrong.**
유 워 인 더 렁

0939 감히 나한테 어떻게 그렇게 얘기할 수 있어?
**How dare you say that to me?**
하우 데어 유 쎄이 댓 투 미

0940 우리 밖에서 한 판 붙자!
**Let's take this outside.**
렛스 테익 디스 아웃싸이(드)

0941 덤벼!
**Bring it on!**
브링 잇온

## Unit 3 | 변명을 할 때

0942
☐ 변명하지 마세요.
**Stop making excuses.**
스탑 메이킹 익스큐지즈

0943
☐ 변명은 듣고 싶지 않아.
**I don't want to hear your excuses.**
아이 돈 원투 히어 유어 익스큐지즈

0944
☐ 이제 변명은 됐어.
**I've had enough of your excuses.**
아이브 해드 이넙 어뷰어 익스큐지즈

0945
☐ 그건 변명이 안 돼.
**That's no excuse.**
댓츠 노 익스큐즈

0946
☐ 억지 변명하지 말아요.
**Don't quibble.**
돈 퀴블

# Unit 4 | 꾸짖을 때

0947 ☐ 다시는 절대 그러지 말게나.
**You'll never do that again.**
유일 네버 두 댓 어게인

0948 ☐ 그런 법이 어디 있어요?
**How did you get that way?**
하우 디쥬 겟 댓 웨이

0949 ☐ 행동으로 옮기든지, 입 다물고 있든지 해!
**Put up or shut up!**
푸럽 오어 셔럽

0950 ☐ 너희들 나머지도 다 마찬가지야.
**The same goes for the rest of you.**
더 세임 고즈 훠 더 뤠스(트) 어뷰

0951 ☐ 당신 정신 나갔어요?
**Are you out of your mind?**
아유 아우러(브) 유어 마인드

## Unit 5    화해할 때

0952
- 흥분하지 마세요.
**Don't get excited.**
돈 겟 익사이티드

0953
- 이제 됐어요.
**Enough of it!**
이너퍼빗

0954
- 싸움을 말리지 그랬어요?
**Why didn't you break up the fight?**
와이 디든츄 브레익컵 더 화잇

0955
- 진정하세요.
**Keep your shirt on.**
키퓨어 셔론

0956
- 두 사람 화해하세요.
**Why don't you guys just make up?**
와이 돈츄 가이즈 저슷 메익컵

0957
- 그 일은 잊어버리세요.
**Forget about it.**
훠겟 어바웃릿

201

0958 남자 대 남자로 이야기합시다.
**Let's have a man-to-man talk.**
렛스 해버 맨투맨 톡

0959 네가 동생에게 양보해라
**Be nice to your brother.**
비 나이스 투 유어 브라더

## part 5

## 일상생활의 화제

01. 가족에 대해서
02. 직장에 대해서
03. 학교에 대해서
04. 연애와 결혼에 대해서
05. 여가·취미·오락에 대해서
06. 문화생활에 대해서
07. 건강에 대해서
08. 스포츠와 레저에 대해서
09. 날씨와 계절에 대해서
10. 시간과 연월일에 대해서
11. 이·미용과 세탁에 대해서
12. 음주와 흡연에 대해서

사람에 따라 다르지만 아침에는 모닝커피만 마시고 출근하는 직장인, 아침 식사를 하지 않거나 인스턴트로 된 액체식을 먹고 급하게 직장으로 향하는 사람도 많습니다. 비즈니스를 위한 식사 접대는 거의 점심때에 합니다. 저녁 초대를 받는 일은 극히 드물고 일과가 끝난 뒤 동료와 한 잔 하는 습관도 거의 없습니다. 저녁때가 되면 직장에서 집으로 돌아가는 게 일반적인 미국인의 생활 패턴입니다. 미국인의 생활에 필수불가결한 파티가 시작되는 시간은 대체로 8시부터이며 디너파티는 6시 경부터 시작합니다.

## Chapter 01 가족에 대해서

처음 만났을 때는 지나치게 개인적인 질문을 피하는 게 좋습니다. 그러나 약간 친해지면 Do you have any brothers and sisters?(형제자매는 있으세요?), How many people are there in your family?(가족은 몇 분이나 됩니까?), How many children do you have?(아이들은 몇 명이나 됩니까?), Does your wife work?(부인이 하는 일을 합니까?) 등의 형제자매나 가족에 대한 이야기가 시작됩니다.

### Unit 1  가족에 대해 말할 때

□ 가족은 몇 분이나 됩니까?

0960

**How many people are there in your family?**
하우 메니 피플 아 데어인 유어 홰밀리

□ 식구는 많습니까?

0961

**Do you have a large family?**
두 유 해버 라지 홰밀리

0962 가족에 대해 좀 말씀해 주시겠습니까?
**Please tell me about your family.**
플리즈 텔 미 어바웃 유어 홰밀리

0963 저는 부모님과 잘 지냅니다.
**I get along well with my parents.**
아이 겟 얼롱 웰 윗 마이 페어런스

0964 난 독자예요. 당신은 어때요?
**I'm an only child. How about you?**
아이먼 온리 촤일드         하우 어바웃 츄

0965 가족들이 무척 그리워져요.
**I feel homesick for my family.**
아이 휠 홈씩 풔 마이 훼멀리

0966 가족은 저에게 중요합니다.
**Family is important to me.**
훼멀리 이즈 임포턴 투 미

0967 우리 가족은 매우 화목해요.
**We are a very harmonious family.**
위 아러 베리 하모니어스 훼멀리

0968 부모님과 함께 사세요?
**Do you live with your parents?**
두 유 리브 위쥬어 페어런스

☐ 남편은 어떤 일을 하세요?
0969
**What does your husband do for a living?**
왓 더쥬어 허즈번드 두 호어 리빙

☐ 아버님은 어떤 일에 종사하시나요?
0970
**What business is your father in?**
왓 비즈니스 이쥬어 화더 인

☐ 당신 어머니는 무슨 일을 하십니까?
0971
**What does your mom do?**
왓 더쥬어 맘 두

☐ 부인이 일을 합니까?
0972
**Does your wife work?**
더즈 유어 와입 웍

☐ 부모님은 연세가 어떻게 되십니까?
0973
**How old are your parents?**
하우 올드 아 유어 페어런스

## Unit 2 | 형제자매와 친척에 대해 말할 때

☐ 형제가 몇 분이세요?
0974
**How many brothers and sisters do you have?**
하우 메니 브라더즈 앤 씨스터즈 두 유 햅

0975 형이 두 명, 여동생이 한 명입니다.
**I have two brothers and one sister.**
아이 햅 투 브라더즈 앤 원 씨스터

0976 형제나 자매가 있습니까?
**Do you have any brothers and sisters?**
두 유 해버니 브라더즈 앤 씨스터즈

0977 아뇨, 없습니다. 독자입니다.
**No, I don't. I'm an only child.**
노  아이 돈  아이먼 온리 촤일드

0978 동생은 몇 살입니까?
**How old is your brother?**
하우 올드 이즈 유어 브라더

0979 저보다 두 살 아래입니다.
**He's two years younger than me.**
히즈 투 이어즈 영거 덴미

0980 대개는 형과 놀았습니다. 쌍둥이라서요.
**I used to play mainly with my brother. We're twins.**
아이 유스 투 플레이 메인리 위드 마이 브라더
위아 트윈스

0981 미국에 친척 분은 계십니까?
**Do you have any relatives living in America?**
두 유 해(브)애니 렐러티브즈 리빙 인 어메리커

# Unit 3   자녀에 대해 말할 때

0982 아이들은 몇 명이나 됩니까?
**How many children do you have?**
하우 메니 칠드런 두 유 햅

0983 아이는 언제 가질 예정입니까?
**When are you going to have children?**
웨나유 고잉 투 해브 칠드런

0984 아이들이 있습니까?
**Do you have any children?**
두 유 해버니 칠드런

0985 자녀가 있습니까?
**Have you got any kids?**
해뷰 가래니 키즈

0986 그 애들 이름이 뭐죠?
**What are their names?**
와라 데어 네임즈

0987 자녀들은 몇 살입니까?
**How old are your children?**
하우 올드 아유어 칠드런

0988 그 애들은 학교에 다니나요?
**Do they go to school?**
두 데이 고 투 스쿨

0989 아들은 초등학생입니다.
**My son is in elementary school.**
마이 썬 이즈 인 엘러멘터리 스쿨

# Chapter 02 직장에 대해서

파트타임으로 일하는 경우에는 I work part-time at a department store.(백화점에서 파트타임으로 일합니다.)로 대답하며, 상대가 회사에서 일하고 있을 때는 What do you do at the company?(그 회사에서 어떤 일을 하고 계십니까?)라는 질문으로 일의 내용을 알 수 있습니다. 이에 대해 I work in the planning department.(기획부에서 일합니다.)라고 대답하면 됩니다.

## Unit 1 직장에 대해 말할 때

0990 □ 어디서 근무하세요?
**Where do you work?**
웨어 두 유 웍

0991 □ 어느 회사에 근무하십니까?
**What company are you with?**
왓 캄퍼니 아유 위드

0992 □ 회사는 어디에 있습니까?
**Where's your office?**
웨어쥬어 오휘스

210

0993
□ 직책이 무엇입니까?
**What's your job title?**
왓츄어 잡 타이를

0994
□ 직위가 어떻게 되십니까?
**What position do you hold?**
왓 퍼지션 두 유 홀드

0995
□ 그 회사에서 무슨 일을 하십니까?
**What do you do at the company?**
왓 두 유 두 앳 더 캄퍼니

0996
□ 저는 기획부에서 일해요.
**I work in the planning department.**
아이 워킨 더 플래닝 디팟먼

## Unit 2 　근무에 대해 말할 때

0997
□ 거기서 근무하신 지는 얼마나 됐습니까?
**How long have you worked there?**
하우 롱 해뷰 웍트 데어

0998
□ 근무 시간은 어떻게 됩니까?
**What are your hours of work?**
워라유어 아워즈 어(브) 웍

part 5 일상생활의 화제

211

☐ 근무 시간이 어떻게 됩니까?
0999
**What are the regular work hours?**
와라 더 래귤러 웍 아워즈


☐ 저희는 격주로 토요일에는 쉽니다.
1000
**We get every other Saturday off.**
위 겟 에브리 아더 새러데이 어(흐)


☐ 내일은 쉬어요.
1001
**I'll be off tomorrow.**
알 비 오프 투모로우


☐ 저는 오늘밤 야근이에요.
1002
**I'm on duty tonight.**
암 온 듀리 투나잇


## Unit 3 | 급여에 대해 말할 때


☐ 얼마나 받으세요?
1003
**How do you get paid?**
하우 두 유 겟 페이드


☐ 연봉이 얼마나 됩니까?
1004
**What's your yearly salary?**
왓츄어 이리 샐러리

1005 봉급날이 언제입니까?
**When is your payday?**
웨니즈 유어 페이데이

1006 오늘이 월급날이에요.
**Today is payday.**
투데이즈 페이데이

1007 제 급여는 쥐꼬리만해요.
**My salary's chicken feed.**
마이 샐러리즈 치킨 피드

1008 일하는 시간에 비하면 매우 낮아요.
**It's very low for my work hours.**
잇스 베리 로우 훠 마이 웍 아워즈

## Unit 4 승진에 대해 말할 때

1009 내년에는 승진하길 바랍니다.
**I hope you will be promoted next year.**
아이 호퓨 윌 비 프러모티드 넥슷 이어

1010 저 부장으로 승진했어요.
**I was promoted to a manager.**
아이 워즈 프러모티드 투 어 매니져

213

1011 우리 회사에서는 승진하기가 어려워요.
**It's hard to move up in our company.**
잇스 하드 투 무브 업 인 아워 캄퍼니

1012 그에게는 강력한 후원자가 있어요.
**He has a powerful supporter.**
히 해저 파워훨 써포터

1013 그의 승진은 이례적이었어요.
**His promotion was unusual.**
히즈 프러모션 워즈 언유쥬얼

1014 승진은 성적에 달렸어요.
**Promotion goes by merit.**
프러모션 고우즈 바이 메릿

## Unit 5 | 출퇴근에 대해 말할 때

1015 어떻게 출근하세요?
**How do you get to work?**
하우 두 유 겟 투 웍

1016 대개 지하철을 이용해서 출근해요.
**I usually take the subway to work.**
아이 유쥬얼리 테익 더 썹웨이 투 웍

214

1017 출근하는 데 시간이 얼마나 걸려요?
**How long does it take you to commute?**
하우 롱 더짓 테이큐 투 커뮷

1018 몇 시까지 출근합니까?
**What time do you report to work?**
왓 타임 두 유 리폿 투 웍

1019 사무실이 집에서 가까워요.
**The office is near my house.**
디 오휘스 이즈 니어 마이 하우스

1020 지각한 적은 없습니까?
**Haven't you ever been late for work?**
해븐츄 에버 빈 래잇 훠 웍

1021 몇 시에 퇴근하십니까?
**What time do you punch out?**
왓 타임 두 유 펀취 아웃
*punch out 타임카드를 찍다(퇴근하다)

## Unit 6 | 휴가에 대해 말할 때

1022 휴가는 며칠이나 됩니까?
**How many vacation days do you have?**
하우 메니 봬이케이션 데이즈 두 유 햅

☐ 휴가 기간은 얼마나 됩니까?
1023 **How long does your vacation last?**
하우 롱 더쥬어 붸이케이션 라숫

☐ 당신의 휴가는 언제 시작되죠?
1024 **When does your vacation start?**
웬 더쥬어 붸이케이션 스탓

☐ 휴가 언제 떠나세요?
1025 **When are you leaving for your vacation?**
웬나유 리빙 훠 유어 붸이케이션

☐ 너무 바빠서 휴가를 가질 여유가 없어요.
1026 **I'm too busy to take holidays.**
암 투 비지 투 테익 할러데이즈

☐ 휴가 계획을 세우셨어요?
1027 **Have you planned your vacation yet?**
해뷰 플랜드 유어 베이케이션 옛

| Unit 7 | 상사에 대해 말할 때 |

☐ 상사가 누구입니까?
1028 **Who is your boss?**
후 이쥬어 보스

1029 ☐ 당신 상사와의 사이가 어떠세요?
**How do you stand with your boss?**
하우 두 유 스탠 위쥬어 보스

1030 ☐ 저는 제 상사를 존경합니다.
**I respect my boss.**
아이 리스펙 마이 보스

1031 ☐ 그분은 매우 관대합니다.
**He's very generous.**
히즈 베리 제너러스

1032 ☐ 그는 잔소리가 심해요.
**He nags too much.**
히 낵즈 투 마취

1033 ☐ 당신 상사와의 관계는 어떠십니까?
**How is your relationship with your boss?**
하우 이쥬어 릴레이션쉽 위드 유어 보스

| Unit 8 | 사직 · 퇴직에 대해 말할 때 |

1034 ☐ 도대체 왜 사직하셨어요?
**What's all this about resigning?**
왓스 올 디스 어바웃 리자이닝

☐ 당신 회사는 정년이 몇 살입니까?
**1035**
**What's the age of retirement in your company?**
왓스 디 에이좁 리타이어먼 인 유어 컴퍼니

☐ 그만두기로 결심했어요.
**1036**
**I've decided to quit my job.**
아이브 디싸이딧 투 큇 마이 잡

☐ 이 일에는 안 맞는 것 같아요.
**1037**
**Maybe I'm not suited to this business.**
메이비 암 낫 슈티드 투 디스 비즈니스

☐ 언제 퇴직하십니까?
**1038**
**When are you going to retire?**
웬나유 고잉 투 리타이어

☐ 저는 지금 놀고 있습니다.
**1039**
**I'm out of a job now.**
암 아우러(버) 어 잡 나우

☐ 그는 해고됐어요.
**1040**
**He was fired.**
히 워즈 화이어드

\*fire out 해고하다(=discharge)

# Chapter 03 학교에 대해서

미국에서는 초등학교에서부터 고교까지 통합해서 학년을 말하는 경우가 많기 때문에 중학 1학년은 7학년이라고 하게 됩니다. She's in the 7th grade.(그녀는 7학년입니다.)
또한 학년에 대해서 ~grader(~학년)를 사용해서 My son is a twelfth grader.(제 아들은 12학년입니다.)라고 할 수 있습니다. 참고로 졸업생을 말할 때 OB(Old Boy), OG(Old Girl)라는 표현도 있지만, 일반적으로 alumni라고 합니다.

## Unit 1 출신학교에 대해 말할 때

☐ 어느 학교에 다니십니까?
1041
**Where do you go to school?**
웨어 두 유 고 투 스쿨

☐ 어느 대학에 다니십니까?
1042
**Which college are you attending?**
휘치 칼리쥐 아유 어탠딩

1043 저는 서울대학생입니다.
**I'm a student at Seoul National University.**
아이머 스튜던 앳 써울 내셔널 유니붜씨디

1044 몇 학년입니까?
**What grade are you in?**
왓 그레잇 아유 인

1045 어느 학교를 졸업하셨습니까?
**What school did you graduate from?**
왓 스쿨 디쥬 그래쥬에잇 후럼

1046 그녀는 고등학교를 갓 나왔습니다.
**She's fresh out of high school.**
쉬즈 후레쉬 아우러(브) 하이스쿨

1047 그는 고학으로 대학을 나왔어요.
**He worked his way through college.**
히 웍트 히즈 웨이 쓰루 칼리쥐

1048 그는 고학으로 고등학교를 나왔어요.
**He worked his way through high school.**
히 웍트 히즈 웨이 쓰루 하이스쿨

1049 그는 고등학교 중퇴자입니다.
**He is a high school dropout.**
히 이저 하이스쿨 드랍 아웃

*dropout 중퇴자

☐ 그는 대학중퇴자입니다.
1050 **He is a college dropout.**
히 이저 칼리쥐 드랍 아웃

## Unit 2 | 학년에 대해 말할 때

☐ 몇 학년이세요?
1051 **What year are you in?**
왓 이어 아유 인

☐ 저보다 3년 선배이시군요.
1052 **You're three years ahead of me.**
유어 쓰리 이어즈 어헤드 미

☐ 그는 제 학교 선배입니다.
1053 **He's ahead of me in school.**
히즈 어해러(브) 미 옵 미 인 스쿨

## Unit 3 | 전공에 대해 말할 때

☐ 대학교 때 전공이 무엇이었습니까?
1054 **What was your major at college?**
왓 워쥬어 메이져 앳 칼리쥐

☐ 무얼 전공하십니까?
1055
**What are you majoring at?**
와라유 메이져링 앳


☐ 어떤 학위를 가지고 계십니까(학위가 뭡니까)?
1056
**What degree do you have?**
왓 디그리 두 유 햅


## Unit 4 　학교생활에 대해 말할 때


☐ 나는 오늘 미팅했어요.
1057
**I had a blind date today.**
아이 해더 블라인드 데잇 투데이
*blind date 미팅하다, 소개팅하다


☐ 아르바이트를 하고 있나요?
1058
**Do you have a part time job?**
두 유 해버 팟 타임 잡
*part time job 아르바이트


☐ 많은 학생들이 아르바이트하고 있어요.
1059
**Many students are working at part time jobs.**
메니 스튜던츠 아 워킹 앳 팟 타임 잡스

1060 이번 학기에는 몇 과목이나 수강신청을 했습니까?
**How many courses are you taking this semester?**
하우 메니 코스 아유 테이킹 디스 써매스터

1061 그는 수업 준비하느라 바쁩니다.
**He's busy preparing for class.**
히즈 비지 프리페어링 풔 클래스

1062 그 책은 뭐에 관한 것이죠?
**What's the book about?**
왓스 더 북 어바웃

1063 저는 수학적인 머리가 없는 것 같아요.
**I don't think I have a mathematic brain.**
아이 돈 씽 아이 해버 매쓰매틱 브레인

1064 나는 장학금을 신청했습니다.
**I applied for a scholarship.**
아이 어플라이드 풔러 스칼러쉽

1065 이건 제게 어려운 학과였어요.
**This has been a hard course for me.**
디스 해즈 빈 어 하(어)(드) 코스 풔 미

1066 우리는 그것을 암기하지 않으면 안 되었어요.
**We had to learn it by heart.**
위 해드 투 런 잇 바이 핫

☐ 그는 물리학에 뛰어난 사람이에요.
1067
**He's a bear for physics.**
히저 베어 휘 휘직스


☐ 게시판에 뭐라고 씌어 있는 거예요?
1068
**What does the board say?**
왓 더즈 더 보드 쎄이


☐ 나는 맨 뒷자리에 앉기를 좋아해요.
1069
**I like to sit way in the back.**
아이 라익 투 씻 웨이 인 더 백


## Unit 5 | 시험과 성적에 대해 말할 때


☐ 공부를 해야겠어요.
1070
**I better hit the books.**
아이 베러 힛 더 북스


☐ 이제 공부를 좀 해야 할 것 같아요.
1071
**I think I have to hit the books now.**
아이 씽 아이 햅 투 힛 더 북스 나우


☐ 시험결과는 어떻게 되었나요?
1072
**How did the test turn out?**
하우 디드 더 테슷 턴 아웃
*turn out 해고하다

☐ 난 그 실험결과에 큰 기대를 걸고 있어요.
1073 **I'm bent on the outcome of the experiment.**
암 밴톤 디 아웃컴 옵 디 익스페러먼

☐ 수학 성적은 어땠어?
1074 **What was your score in math?**
왓 워쥬어 스코어 인 매쓰

☐ 그는 학교 성적이 매우 좋아진 것 같아요.
1075 **He seems to be getting on very well at school.**
히 씸즈 투 비 게링 온 베리 웰 앳 스쿨

☐ 그녀는 반에서 1등이에요.
1076 **She is at the top of her class.**
쉬 이즈 앳 더 탑 어(브) 허 클래스

☐ 내가 우리 반에서 제일 뒤떨어진 것 같아요.
1077 **Looks like I'm far behind my classmates.**
룩스 라익 암 화 비하인드 마이 클래스메잇츠

# Chapter 04 연애와 결혼에 대해서

「친구」, 「친한 친구」, 「사이가 좋은 친구」는 a good friend라든가 a close friend로 표현합니다. 그러나 intimate(친밀한)을 사용하면 이성끼리 더구나 「(성적인 관계가 있는) 좋은 사이」를 연상시킬 수 있으므로 주의해야 합니다. 결혼을 했는지 물을 때는 Are you married?(결혼했어요?)라고 하며, 「~와 결혼하다」는 marry with~가 아니라, marry~이므로 주의해야 합니다.

## Unit 1 연애 타입에 대해 말할 때

1078
□ 사귀는 사람 있나요?
**Are you seeing somebody?**
아유 씨잉 썸바리

1079
□ 누구 생각해 둔 사람이 있나요?
**Do you have anyone in mind?**
두 유 해브 에니원 인 마인드

1080
□ 어떤 타입의 여자가 좋습니까?
**What kind of a girl do you like?**
왓 카이돕 어 걸 두 유 라익

1081 ☐ 성실한 사람이 좋습니다.
**I like someone who is sincere.**
아이 라익 썸원 후 이즈 씬시어

1082 ☐ 그는 제 타입이 아닙니다.
**He isn't my type.**
히 이즌 마이 타입

## Unit 2  데이트에 대해 말할 때

1083 ☐ 저와 데이트해 주시겠어요?
**Would you like to go out with me?**
우쥬 라익 투 고우 아웃 윗 미

1084 ☐ 당신과 사귀고 싶습니다.
**I'd like to go out with you.**
아이드 라익 투 고 아웃 위(드)유

1085 ☐ 저와 함께 저녁식사를 하시겠어요?
**Would you like to have dinner with me?**
우쥬 라익 투 해브 디너 윗 미

1086 ☐ 당신에게 아주 반했습니다.
**I'm crazy about you.**
암 크레이지 어바웃츄

☐ 당신의 모든 걸 사랑합니다.
1087
**I love everything about you.**
아이 러브 에브리씽 어바츄

## Unit 3 | 청혼과 약혼에 대해 말할 때

☐ 저와 결혼해 주시겠습니까?
1088
**Would you marry me?**
우쥬 매리 미

☐ 내 아내가 되어 줄래요?
1089
**Would you be my wife?**
우쥬 비 마이 와입

☐ 당신과 평생 같이 살고 싶습니다.
1090
**I'd like to live with you forever.**
아이드 라익 투 리브 위(드)유 훠에버

☐ 우리는 이번 달에 약혼했습니다.
1091
**We became engaged this month.**
위 비케임 인게이쥐드 디스 먼쓰
*engage 약혼하다

1092
그녀는 래리와 약혼한 사이예요.
**She's engaged to marry Larry.**
쉬즈 엔게이쥐드 투 매리 래리

## Unit 4 　결혼에 대해 말할 때

1093
결혼하셨습니까?
**Are you married?**
아유 매리(드)

1094
언제 결혼할 예정입니까?
**When are you going to get married?**
웬나유 고잉 투 겟 매리(드)

1095
언제 결혼을 하셨습니까?
**When did you get married?**
웬 디쥬 겟 매리(드)

1096
결혼한 지 얼마나 됐습니까?
**How long have you been married?**
하우 롱 해뷰 빈 매리(드)

1097
신혼부부이시군요.
**You're a brand new couple.**
유어 브랜드 뉴 커플

229

☐ 당신은 기혼입니까, 미혼입니까?
1098
**Are you married or single?**
아유 매리(드) 오어 싱글

☐ 저는 아직 결혼하지 않았습니다.
1099
**I'm not married yet.**
암 낫 매리(드) 옛

## Unit 5 　별거와 이혼에 대해 말할 때

☐ 별거중입니다.
1100
**I'm separated.**
암 쎄퍼레이티드

☐ 이혼했습니다.
1101
**I'm divorced.**
암 디보스드

☐ 우리 결혼 생활은 재미가 없어요.
1102
**Our marriage has gone stale.**
아워 매리쥐 해즈 곤 스테일

☐ 우리는 곧 이혼할 예정입니다.
1103
**We are planning to get a divorce soon.**
위아 플레닝 투 게러 디보스 쑨

1104
□ 우린 지난 겨울에 헤어졌습니다.
**We broke up last winter.**
위 브로컵 라숫 윈터
*break up 이혼하다

1105
□ 그는 최근에 재혼했습니다.
**He recently married again.**
히 뤼쓴리 매리(드) 어게인

# Chapter 05 여가·취미·오락에 대해서

어떤 것을 좋아하는지 알고 싶을 때는 What are you interested in?(무엇에 흥미가 있습니까?) What do you do when you have time?(한가할 때는 무엇을 합니까?) 등으로 묻습니다. 무언가를 수집하고 있을 때는 What are you collecting?(무엇을 수집합니까?)라는 물음에 I'm collecting coins.(코인을 모으고 있습니다.)라고 대답할 수 있습니다. 그 취미를 시작하게 된 계기를 물을 때는 What made you start your hobby?(어떻게 그 취미를 시작했습니까?)라고 물으면 됩니다.

## Unit 1  여가 활동에 대해 말할 때

☐ 주말에는 주로 무엇을 합니까?

1106
**What do you usually do on weekends?**
왓 두 유 유절리 두 온 위켄즈

☐ 여가시간에 무얼 하십니까?

1107
**What do you do in your spare time?**
왓 두 유 두 인 유어 스페어 타임

☐ 여가를 어떻게 보내세요?
1108 **How do you spend your leisure time?**
하우 두 유 스펜 유어 레져 타임

☐ 기분전환으로 무얼 하십니까?
1109 **What do you do for relaxation?**
왓 두 유 두 훠 릴렉쎄이션

☐ 주말에 무슨 계획이 있으세요?
1110 **Do you have any plans for the weekend?**
두 유 해버니 플랜즈 훠 더 위켄

☐ 일과 후에 무엇을 하세요?
1111 **What do you do when you have time off?**
왓 두 유 두 웨뉴 해브 타임 오프
*time off 방과 후, 일과 후

☐ 휴일에 무얼 하실 겁니까?
1112 **What are you going to do for the holiday?**
워라유 고잉 투 두 훠 더 할러데이

| Unit 2 | 취미에 대해 말할 때 |

☐ 취미가 뭡니까?
1113 **What is your hobby?**
와리즈 유어 하비

233

1114 ☐ 무엇에 흥미가 있으세요?
**What are you interested in?**
와라유 인터레스팃 인

1115 ☐ 특별한 취미가 있습니까?
**Do you have any particular hobbies?**
두 유 해버니 파티큘러 하비스

1116 ☐ 제 취미는 음악 감상입니다.
**My hobby is listening to music.**
마이 하비즈 리스닝 투 뮤직

1117 ☐ 저의 취미는 다양해요.
**My interests are varied.**
마이 인터래스츠 아 배리드

1118 ☐ 저는 그런 일에는 별로 취미가 없습니다.
**I have little interest in those things.**
아이 해브 리를 인터레슷 인 도우즈 씽스

## Unit 3 | 오락에 대해 말할 때

1119 ☐ 이 호텔에는 카지노가 있습니까?
**Is there any casino in this hotel?**
이즈 데어래니 커시노 인 디스 호텔

**1120** 갬블을 하고 싶습니다.
**I'd like to gamble.**
아이드 라익 투 갬블

**1121** 쉬운 게임은 있습니까?
**Is there any easy game?**
이즈 데어래니 이지 게임

**1122** 좋은 카지노를 소개해 주시겠어요?
**Could you recommend a good casino?**
쿠쥬 레커멘더 굿 커시노

**1123** 카지노는 아무나 들어갈 수 있습니까?
**Is everyone allowed to enter casinos?**
이즈 에브리원 얼라우드 투 엔터 커씨노즈

**1124** 카지노는 몇 시부터 시작합니까?
**What time does the casino open?**
왓 타임 더즈 더 커시노 오픈

**1125** 칩은 어디서 바꿉니까?
**Where can I get chips?**
웨어 캔 아이 겟 칩스

**1126** 칩 200달러 부탁합니다.
**May I have 200 dollars in chips, please.**
메아이 해브 투 헌드러드 달러즈 인 칩스     플리즈

☐ 칩을 현금으로 바꿔 주세요.
1127 **Cash my chips, please.**
캐쉬 마이 칩스    플리즈

☐ 현금으로 주세요.
1128 **Cash, please.**
캐쉬    플리즈

☐ 터졌다! / 맞았다!
1129 **Jackpot! / Bingo!**
잭팟    빙고

## Unit 4  유흥을 즐길 때

☐ 좋은 나이트클럽은 있나요?
1130 **Do you know of a good nightclub?**
두 유 노우 어버 굿 나잇클럽

☐ 디너쇼를 보고 싶은데요.
1131 **I want to see a dinner show.**
아이 원투 씨 어 디너 쇼

☐ 이건 무슨 쇼입니까?
1132 **What kind of show is this?**
왓 카인어 쇼 이즈 디스

1133 함께 춤추시겠어요?
**Will you dance with me?**
윌 유 댄스 윗 미

1134 인기가 있는 디스코텍은 어디입니까?
**Where is a popular disco?**
웨어리즈 어 파퓰러 디스코

## Unit 5 　여행에 대해 말할 때

1135 나는 여행을 좋아합니다.
**I love traveling.**
아이 러브 트레블링

1136 여행은 즐거우셨나요?
**Did you have a good trip?**
디쥬 해버 굿 트립

1137 어디로 휴가를 가셨어요?
**Where did you go on vacation?**
웨어 디쥬 고 온 베케이션

1138 해외여행을 가신 적이 있습니까?
**Have you ever traveled overseas?**
해뷰 에버 트래블드 오버씨즈

☐ 그곳에 얼마나 머무셨습니까?
1139
**How long did you stay there?**
하우 롱 디쥬 스테이 데어

☐ 언젠가 세계일주를 하고 싶어요.
1140
**I want to go around the world some day.**
아이 원투 고 어롸운 더 월드 썸 데이

☐ 여행은 어땠어요?
1141
**How was your trip?**
하우 워쥬어 트립

# Chapter 06 문화생활에 대해서

어떤 음악을 좋아하는지 알고 싶을 때는 What kind of music do you like?(어떤 음악을 좋아하세요?)라고 물으십시오. 그리고 서로 음악을 좋아한다는 것을 알았다면 콘서트를 권해 보십시오. 가령, Shall we go to a concert next week?(다음 주에 콘서트에 가지 않을래요?) 그림에 대해서는 Who's your favorite painter?(좋아하는 화가는 누구입니까?) 따위로 말합니다.

## Unit 1 독서에 대해 말할 때

1142
□ 어떤 책을 즐겨 읽으십니까?
**What kind of books do you like to read?**
왓 카인돕 북스 두 유 라익 투 리드

1143
□ 저는 손에 잡히는 대로 다 읽습니다.
**I read everything I can get my hands on.**
아이 리드 에브리씽 아이 캔 겟 마이 핸즈 온

1144
□ 한 달에 책을 몇 권 정도 읽습니까?
**How many books do you read a month?**
하우 메니 북스 두 유 리더 먼쓰

1145
☐ 책을 많이 읽으십니까?
**Do you read a lot?**
두 유 리더 얼랏

1146
☐ 그 책은 처음부터 끝까지 다 읽었어요.
**I read the book from cover to cover.**
아이 레드 북 후럼 커버 투 커버
*from cover to cover 처음부터 끝까지

1147
☐ 이 책은 재미없어요.
**This book is dull reading.**
디스 북 이즈 덜 리딩

1148
☐ 이 책은 지루해요.
**This book bores me.**
디스 북 보어즈 미

1149
☐ 한번 훑어봤어요.
**I gave it the once-over.**
아이 게이빗 더 원스 오버

1150
☐ 그녀는 책벌레입니다.
**She is a bookworm.**
쉬 이저 북웜

1151
☐ 저는 항상 책을 가지고 다닙니다.
**I'm always carrying a book.**
암 올웨이즈 캐링 어 북

240

☐ 좋아하는 작가는 누구입니까?
1152 **Who is your favorite author?**
후 이즈 유어 훼이버릿 어써

☐ 요즘 베스트셀러는 무엇입니까?
1153 **What's the current bestseller?**
왓스 더 커런 배:쌜러

☐ 요즘 좋은 책 읽을 게 있나요?
1154 **Have you read any good books recently?**
해뷰 레드 에니 굿 북스 뤼쓴리

☐ 수필보다 소설을 좋아합니다.
1155 **I prefer novels to essays.**
아이 프리훠 나벌즈 투 에쎄이즈
*prefer ~ to … …보다 ~을 좋아하다

## Unit 2  신문과 잡지에 대해 말할 때

☐ 무슨 신문을 보십니까?
1156 **Which paper do you read?**
위치 페이퍼 두 유 뤼드

☐ 오늘 신문을 보셨어요?
1157 **Have you seen today's paper?**
해뷰 씬 투데이즈 페이퍼

1158 그 사건은 일면에 났어요.
**The story was on the front page.**
더 스토리 워즈 온 더 프런트 페이지

1159 그 사람 신문에 났더군요.
**He was in the newspaper.**
히 워즈 인 더 뉴스페이퍼

1160 저는 기사 제목들만 봐요.
**I read only the headlines.**
아이 뤼드 온리 더 헤드라인스

1161 저는 스포츠면을 먼저 읽습니다.
**I read the sports section first.**
아이 뤼드 더 스포츠 섹션 훠숫

1162 어떤 잡지를 좋아합니까?
**What kind of magazine do you like?**
왓카인어(브) 매거진 두 유 라익

1163 자동차 잡지를 구독합니다.
**I subscribe to a motor magazine.**
아이 썹스크라입 투 어 모러 매거진

# Unit 3 텔레비전에 대해 말할 때

☐ 텔레비전을 자주 보세요?
1164
**Do you watch TV often?**
두 유 왓치 티비 오픈

☐ 어떤 텔레비전 프로그램을 좋아하십니까?
1165
**Which program do you enjoy most?**
위치 프로그램 두 유 인조이 모슷

☐ 그게 언제 방송되죠?
1166
**When is it on?**
웨니즈 이론

☐ 그것을 텔레비전으로 중계하나요?
1167
**Are they televising it?**
아 데이 텔러바이징 잇

☐ 지금 텔레비전에서 무엇을 하죠?
1168
**What's on TV?**
왓촌 티비

☐ 다음 프로가 무엇이죠?
1169
**What's on next?**
왓촌 넥슷

243

☐ 리모컨이 어디 있죠?
1170
**Where's the remote control?**
웨어즈 더 리못 컨추롤

☐ 텔레비전을 끌까요?
1171
**Shall we turn the TV off?**
쉘 위 턴 더 티비 오프
*turn off 끄다 ↔ turn on 켜다

| Unit 4 | 음악에 대해 말할 때 |

☐ 어떤 음악을 좋아하세요?
1172
**What kind of music do you like?**
왓 카인어(브) 뮤직 두 유 라익

☐ 어떤 종류의 음악을 들으세요?
1173
**What kind of music do you listen to?**
왓 카인어(브) 뮤직 두 유 리슨 투

☐ 취미는 음악감상입니다.
1174
**My hobby is listening to music.**
마이 하비즈 리스닝 투 뮤직

☐ 음악 듣는 것을 즐깁니다.
1175
**I enjoy listening to music.**
아이 인조이 리스닝 투 뮤직

1176 음악을 잘 몰라요.
**I have no ear for music.**
아이 해브 노 이어 풔 뮤직
*have no ear 모른다;이해하지 못한다

1177 좋아하는 가수가 누구예요?
**Who is your favorite singer?**
후 이쥬어 풰이버릿 씽어

1178 가장 좋아하는 노래는 무엇입니까?
**What's your favorite song?**
왓츄어 풰이버릿 쏭

1179 그 음악은 내 취향에 맞지 않습니다.
**That music is not to my taste.**
댓 뮤직 이즈 낫 투 마이 테이슷

1180 어떤 악기를 연주하세요?
**Which instrument do you play?**
위치 인스트러먼 두 유 플레이

1181 저는 노래는 못해요.
**I'm poor at singing.**
암 푸어랫 씽잉
*be poor at -ing ~하지 못하다

☐ 저는 음치입니다.
1182 **I'm tone-deaf.**
암 톤 댑

☐ 노래 한 곡 불러 주시겠어요?
1183 **Could you sing a song?**
쿠쥬 씽 어 쏭

## Unit 5 　그림에 대해 말할 때

☐ 저는 그림 그리기를 좋아합니다.
1184 **I like painting.**
아이 라익 페인팅

☐ 저는 미술 작품 감상을 좋아합니다.
1185 **I enjoy looking at art collections.**
아이 인죠이 룩킹 앳 아트 컬렉션즈

☐ 그건 누구 작품이죠?
1186 **Who is it by?**
후 이짓 바이

☐ 저는 수채화를 즐깁니다.
1187 **I enjoy watercolors.**
아이 인죠이 워러컬러즈
\*oils 유화

1188 ☐ 미술관에 자주 갑니다.
**I often go to art galleries.**
아이 오픈 고 투 아트 갤러리즈

1189 ☐ 어떻게 그림을 그리게 되셨습니까?
**How did you start painting?**
하우 디쥬 스탓 페인팅

1190 ☐ 정말 아름다운 작품인데요.
**What a beautiful piece of work!**
와러 뷰터풜 피쓰 웍

1191 ☐ 저는 미술품 수집을 좋아합니다.
**I like collecting art.**
아이 라익 콜렉팅 아트

1192 ☐ 좋아하는 화가는 누군가요?
**Who's your favorite artist?**
후쥬어 훼이버릿 아티스트

1193 ☐ 그림을 아주 잘 그리시군요.
**You draw fairly well.**
유 드로우 훼어리 웰

part 5
일상생활의 화제

## Unit 6  영화에 대해 말할 때

1194
☐ 어떤 영화를 좋아하세요?
**What kind of movies do you like?**
왓 카인돕 무비즈 두 유 라익

1195
☐ 저는 영화광입니다.
**I'm a film buff.**
암어 휘음 버흐

1196
☐ 어떤 종류의 영화를 즐겨 보십니까?
**What kind of films do you enjoy watching?**
왓 카인돕 휘음스 두 유 인죠이 와칭

1197
☐ 영화배우 중에서 누구를 가장 좋아하세요?
**Who do you like best among movie stars?**
후 두 유 라익 베슷 어멍 무비 스타즈

1198
☐ 영화를 자주 보러 갑니까?
**Do you go to the movies very often?**
두 유 고 투 더 무비즈 베리 오픈

1199
☐ 그 영화의 주연은 누구입니까?
**Who is starring in the movies?**
후 이즈 스타링 인 더 무비즈

1200 극장에서 무엇을 상영하고 있나요?
**What's on at the theater?**
왓스 온 앳 더 씨어러

1201 상영 기간은 언제까지입니까?
**How long will it be running?**
하우 롱 윌 잇 비 뤄닝

1202 최근에 본 영화는 무엇입니까?
**Which movie have you seen lately?**
휘치 무비 해뷰 씬 레잇리

1203 영화를 보러 가실래요?
**Do you want to see a movie?**
두 유 원 투 씨 어 무비

1204 오늘 밤에 영화를 보러 갑시다.
**Let's go to the movies tonight.**
렛스 고 투 더 무비즈 투나잇

# Chapter 07 건강에 대해서

여성에게 있어서 다이어트는 건강과 미용을 위해 매우 관심이 있는 일 중의 하나가 되었습니다. 미국에서도 텔레비전에서 매일처럼 다이어트를 위한 요리법이라든가 체중 감량을 위한 에어로빅 프로그램을 방송합니다. 그래서 Are you on a diet?(다이어트 중이세요?) I'm on a diet now.(저는 지금 다이어트 중입니다.)라는 대화를 자주 듣게 됩니다. 체중 감량에 성공했을 때는 I lost weight.(체중이 줄었습니다.)라고 표현합니다.

## Unit 1 건강에 대해 말할 때

1205
□ 운동을 많이 하십니까?
**Do you get much exercise?**
두 유 겟 마취 엑서싸이즈

1206
□ 건강 유지를 위해 무엇을 하세요?
**What do you do to stay healthy?**
왓 두 유 두 투 스테이 헬씨

☐ 저는 건강 상태가 아주 좋아요.
1207 **I'm in a fairly good shape.**
암 이너 훼얼리 굿 쉐입

☐ 나 무척 건강해.
1208 **I'm very healthy.**
암 베리 헬씨

☐ 건강에는 자신이 있어.
1209 **I'm confident of my health.**
암 칸휘던 업 마이 헬쓰

☐ 나이를 먹었나봐.
1210 **I'm getting old.**
암 게링 올드

☐ 계단을 오르면 숨이 차.
1211 **I get of breath when I go up stairs.**
아이 게롭 브래쓰 웨나이 고 업 스테어즈

☐ 술을 줄이려고 마음먹었어.
1212 **I'm trying to drink less.**
암 트롸잉 투 드링 레스

☐ 담배를 끊었어.
1213 **I gave up smoking.**
아이 게이법 스모킹

1214 ☐ 지금 다이어트 중이야.
**I'm on a diet now.**
암 오너 다이엇 나우

1215 ☐ 몸에 이상이 있는 것 같아요.
**Something must be wrong with me.**
썸씽 머슷 비 롱 윗 미

1216 ☐ 저는 건강 상태가 별로 안 좋아요.
**My health is not so good.**
마이 헬쓰 이즈 낫 쏘 굿

1217 ☐ 요즘 그의 건강은 좋습니까?
**Is he well these days?**
이즈 히 웰 디즈 데이즈

1218 ☐ 요즘은 쉽게 피로해져요.
**I easily get tired these days.**
아이 이질리 겟 타이어드 디즈 데이즈

## Unit 2 | 컨디션을 물을 때

1219 ☐ 기분은 어때요?
**How are you feeling?**
하우 아유 휠링

252

1220 힘이 없어 보여.
**You don't look very well.**
유 돈 룩 베리 웰

1221 괜찮아요? (기분이나 건강 상태 따위를 물을 때)
**Are you all right?**
아유 올 라잇

1222 오늘 기분은 어때?
**How are you feeling today?**
하우 아유 휠링 투데이

1223 기분은 좀 좋아졌니?
**Are you feeling better?**
아유 휠링 배러

1224 안색이 안 좋아 보여.
**You look pale.**
유 룩 페일

1225 잠시 쉬는 게 어떻겠니?
**Why don't you lie down for a while?**
와이 돈츄 라이 다운 훠러 와일

1226 약은 먹었니?
**Have you taken any medicine.**
해뷰 테이큰 에니 매리쓴

# Chapter 08 스포츠와 레저에 대해서

미국인은 우리 이상으로 스포츠에 관심을 갖고 있으므로 Do you like sports?(스포츠는 좋아하세요?)라고 물으면 기다렸다는 듯이 말을 합니다. 그러므로 여러분도 지지 말고 I like playing golf, too.(나도 골프를 좋아합니다.)라고 대답해 보십시오. 그리고 그 스포츠를 하는 장소나 시간 등은 Where do you play tennis?(어디서 테니스를 칩니까?), When do you go swimming?(언제 수영하러 갑니까?)라고 물으면 됩니다.

## Unit 1 스포츠에 대해 말할 때

1227
□ 좋아하는 스포츠가 뭡니까?
**What's your favorite sport?**
왓츄어 훼이버릿 스폿

1228
□ 운동하는 걸 좋아합니까?
**Do you like to exercise?**
두 유 라익 투 엑서싸이즈

1229 무슨 스포츠를 잘 하세요?
**What sports are you good at?**
왓 스포츠 아유 구 댓

1230 좋아하는 스포츠를 여쭤봐도 될까요?
**May I ask your favorite sport?**
메아이 애스큐어 훼이버릿 스폿

1231 저는 스포츠광입니다.
**I'm a sports nut.**
아이머 스포츠 넛

1232 당신은 얼마나 자주 운동을 하세요?
**How often do you work out?**
하우 오픈 두 유 워카웃

1233 그는 운동신경이 발달되었습니다.
**He's got good motor skills.**
히즈 갓 굿 모러 스킬즈

1234 나는 스포츠에 관심이 없습니다.
**I'm not interested in sports.**
암 낫 인터레스팃 인 스포츠

1235 나는 겨울 스포츠를 좋아합니다.
**I love winter sports.**
아이 러브 윈터 스포츠

1236 나는 스포츠 중에 농구를 가장 좋아합니다.
**I like basketball best of all sports.**
아이 라익 배스킷볼 배스터(브) 올 스포츠

# Unit 2  스포츠를 관전할 때

1237 어느 팀이 이길 것 같습니까?
**Which team looks like it will win?**
위치 팀 룩스 라이킷 윌 윈

1238 점수가 어떻게 됐어요?
**What's the score?**
왓스 더 스코어

1239 누가 이기고 있죠?
**Who's winning?**
후즈 위닝

1240 그 경기 누가 이겼죠?
**Who won the game?**
후 원 더 게임

1241 그 경기는 무승부로 끝났어요.
**The game ended in a tie.**
더 게임 앤디드 이너 타이

1242 그 축구경기 보셨어요?
**Did you watch the soccer game?**
디쥬 와취 더 싸커 게임

1243 그 시합 볼만하던가요?
**Was the game worth watching?**
워즈 더 게임 워쓰 왓칭

1244 시합 결과는 어떻게 되었나요?
**How did the game turn out?**
하우 디드 더 게임 턴 아웃
*turn out 판명나다, 초래하다

1245 우리는 2대 5로 패배했어요.
**We lost the game 2 to 5.**
위 로슷 더 게임 투 투 화이브

1246 스코어는 6대 6으로 비겼어요.
**The score was tied, six to six.**
더 스코어 워즈 타이드    씩스 투 씩스

1247 경기는 무승부로 끝났습니다.
**The game ended in a tie.**
더 게임 앤디드 이너 타이

1248 막상막하의 경기였습니다.
**It was neck and neck.**
잇 워즈 넥 앤 넥
*neck and neck 막상막하

part 5
일상생활의 화제

## Unit 3 | 스포츠 중계를 볼 때

1249  오늘밤 그 경기가 텔레비전에 중계됩니까?
**Is the game on tonight?**
이즈 더 게임 온 투나잇

1250  언제 중계됩니까?
**When is it on?**
웬 이지론

1251  이 게임은 실황중계입니까?
**Is this game live?**
이즈 디스 게임 라이브

1252  당신은 어느 팀을 응원하고 있지요?
**What team are you pulling for?**
왓 팀 아유 풀링 훠

## Unit 4 | 여러 가지 경기에 대해 말할 때

1253  전 축구를 해요.
**I play soccer.**
아이 플레이 싸커

☐ 그 축구경기 보셨어요?
1254 **Did you watch the soccer game?**
디쥬 와취 더 싸커 게임

☐ 지금 몇 회입니까? (야구 따위의 구기 종목)
1255 **What inning is it?**
왓 이닝 이짓

☐ 그 선수 타율이 어떻습니까?
1256 **What is the player's batting average?**
와리즈 더 플레이어스 배링 애버리쥐

☐ 골프 치는 것을 좋아하세요?
1257 **Do you like playing golf?**
두 유 라익 플레잉 골흐

☐ 핸디가 얼마입니까?
1258 **What's your handi(cap)?**
왓츄어 핸디(캡)

☐ 테니스 칠 줄 아세요?
1259 **Can you play tennis?**
캔 유 플레이 테니스

☐ 몇 세트로 승부할까요?
1260 **How many sets should we play?**
하우 메니 셋츠 슈드 위 플레이

part 5
일상생활의 화제

259

☐ 테니스를 무척 좋아합니다.
1261 **I'm crazy about tennis.**
암 크레이지 어바웃 테니스
*crazy about ~에 광적이다, ~에 열광하다

## Unit 5 　레저를 즐길 때

☐ 수영하러 갑시다.
1262 **Let's go swimming.**
렛스 고 스위밍

☐ 어떤 형의 수영을 좋아하십니까?
1263 **What style of swimming do you like best?**
왓 스타일 옵 스위밍 두 유 라익 베슷

☐ 얼마나 멀리 헤엄칠 수 있습니까?
1264 **How far can you swim?**
하우 화 캔 유 스윔

☐ 저는 수영을 잘 못합니다.
1265 **I am a poor swimmer.**
아이 에머 푸어 스위머
↩ I am a good(nice) swimmer.

1266 저는 수영을 아주 잘 합니다.
**I swim like a fish.**
아이 스윔 라이커 휘쉬

1267 저는 물에서 맥주병입니다.
**I am a beer bottle in the water.**
아이 에머 비어 바틀 인 더 워러

1268 스키를 좋아하세요?
**Do you enjoy skiing?**
두 유 엔죠이 스킹

1269 저는 스키를 잘 탑니다.
**I'm a good skier.**
아이머 굿 스키어

1270 스키에는 관심이 없습니다.
**I have no interest in skiing.**
아이 해브 노 인터리슷 인 스킹

1271 매일 아침 조깅하러 갑니다.
**I go jogging every morning.**
아이 고 쟈깅 에브리 모닝

1272 조깅은 건강에 좋습니다.
**Jogging is good for your health.**
쟈깅 이즈 굿 휘 유어 헬쓰

part 5 일상생활의 화제

261

# Chapter 09 날씨와 계절에 대해서

매일 날씨에 관해서 How's the weather today?(오늘 날씨 어때요?)라고 묻는다면 It's fine.(맑아요.)라는 기본적인 형태를 기억해 둡시다. 뒤의 fine를 바꿔서 cool(시원하다), cold(춥다), freezing(얼어붙을 것 같다), warm(따뜻하다), hot(덥다), burning(무척 덥다) 등처럼 한낮에 관한 말이나, raining(비가 오다), snowing(눈이 내리다), cloudy(흐리다) 등을 넣어서 응용할 수 있도록 합시다.

## Unit 1 날씨를 물을 때

☐ 오늘 날씨 어때요?
1273
**What's the weather like today?**
왓스 더 웨더 라익 투데이

☐ 그곳 날씨는 어떻습니까?
1274
**What's the weather like there?**
왓스 더 웨더 라익 데어

☐ 바깥 날씨는 어떻습니까?
1275 **How is the weather out there?**
하우 이즈 더 웨더 아웃 데어

☐ 날씨가 참 좋죠?
1276 **Isn't it a wonderful day?**
이즌 이러 원더훨 데이

☐ 이런 날씨 좋아하세요?
1277 **Do you like this kind of weather?**
두 유 라익 디스 카인더(브) 웨더

## Unit 2 | 날씨를 말할 때

☐ 오늘은 날씨가 화창하군요.
1278 **It's a beautiful day today.**
잇서 뷰우터훨 데이 투데이

☐ 햇볕이 좋아요.
1279 **It's sunny.**
잇스 써니

☐ 맑아요.
1280 **It's clear.**
잇스 클리어

263

1281 ☐ 따뜻해요.
**It's warm.**
잇스 웜

1282 ☐ 건조해요.
**It's dry.**
잇스 드라이

1283 ☐ 시원해요.
**It's cool.**
잇스 쿨

1284 ☐ 눅눅해요.
**It's humid.**
잇스 휴미드

1285 ☐ 쌀쌀해요.
**It's chilly.**
잇스 칠리

## Unit 3 | 더위와 추위를 말할 때

1286 ☐ 더워요.
**It's hot.**
잇스 핫

☐ 푹푹 찌는군요!
1287 **What a scorcher!**
와러 스코춰

☐ 찌는 듯해요.
1288 **It's boiling.**
잇스 보일링

☐ 이 안은 무척 덥군요.
1289 **It sure is hot in here.**
잇 슈어리즈 핫 인 히어

☐ 추워요.
1290 **It's cold.**
잇스 코울(드)

☐ 얼어붙듯이 추워요.
1291 **It's freezing.**
잇스 후리징

☐ 날씨가 점점 추워지고 있어요.
1292 **It's getting colder and colder.**
잇스 게링 콜더 앤 콜더

☐ 오늘은 정말 춥군요, 그렇죠?
1293 **It's really cold today, isn't it?**
잇스 륄리 코울(드) 투데이    이즌닛

## Unit 4 | 바람이 불 때

☐ 밖에 아직도 바람이 부는가요?
1294 **Is it still windy outside?**
이짓 스틸 윈디 아웃사이드

☐ 바람이 세차게 부는군요.
1295 **How it blows!**
하우 잇 블로우즈

☐ 폭풍이 불어요.
1296 **It's stormy.**
잇스 스토미

## Unit 5 | 비가 내릴 때

☐ 비가 와요.
1297 **It's raining.**
잇스 뤠이닝

☐ 억수같이 퍼부어요.
1298 **It's pouring.**
잇스 푸어링

1299 비가 많이 와요.
**It's wet.**
잇스 (우)엣

1300 날씨가 정말 우중충하군요.
**It's lovely weather for ducks.**
잇스 러브리 웨더 훠 덕스

1301 비가 오락가락 하는군요.
**It is raining on and off.**
이리즈 레이닝 온 앤 오프

1302 비가 올 것 같으니 우산을 가지고 가세요.
**Since it looks like rain, take your umbrella.**
씬스 잇 룩스 라익 레인　　테이큐어 엄브랠러

1303 이제 비가 그쳤습니까?
**Has the rain stopped yet?**
해즈 더 레인 스탑트 옛

## Unit 6　눈이 내릴 때

1304 눈이 와요.
**It's snowing.**
잇스 스노윙

267

1305 ☐ 함박눈이 내려요.
**It's snowing heavily.**
잇스 스노우잉 헤벌리

1306 ☐ 눈이 올 것 같은 날씨예요.
**It looks like snow.**
잇 룩스 라익 스노우

1307 ☐ 눈이 펑펑 쏟아져요.
**The snow is really coming down.**
더 스노우 이즈 릴리 커밍 다운

1308 ☐ 안개 때문에 아무것도 안 보여요.
**I can't see anything because of the fog.**
아 캐앤 씨 에니씽 비커즈 더 포그

## Unit 7 | 일기예보에 대해 말할 때

1309 ☐ 일기예보를 확인해 보세요.
**Check the weather report.**
첵 더 웨더 리폿

1310 ☐ 오늘밤이 어떨 거라고 합니까?
**What's the weather forecast for tonight?**
왓스 더 웨더 훠캐숏 호 투나잇

□ 주말 일기예보는 어떻습니까?
1311 **What's the weather forecast for the weekend?**
왓스 더 웨더 훠캐슷 훠 더 위캔드

□ 일기예보가 또 틀렸군요.
1312 **The weatherman was wrong again.**
더 웨더맨 워즈 롱 어게인

□ 오늘 오후에는 아마 갤 것입니다.
1313 **It'll probably clear up this afternoon.**
잇일 프라버블리 클리어럽 디스 앱터눈

## Unit 8 계절에 대해 말할 때

□ 어느 계절을 가장 좋아하세요?
1314 **Which season do you like best?**
위치 씨즌 두 유 라익 베슷

□ 일년 내내 봄날이라면 좋겠어요.
1315 **I wish spring lasted all year!**
아이 위쉬 스프링 라스티드 올 이어

□ 이곳의 봄을 좋아하세요?
1316 **How do you like the spring here?**
하우 두 유 라익 더 스프링 히어

1317　한국에서 7월과 8월은 무척 더워요.
**July and August in Korea are so hot.**
쥬라이 앤 오우거슷 인 코리어 아 쏘 핫

1318　저는 더위를 잘 타요.
**I'm very sensitive to heat.**
암 베리 쎈서티브 투 힛

1319　비가 많이 오는 계절은 싫어합니다.
**I don't like the wet season.**
아이 돈 라익 더 웨엣 씨즌

1320　정말 더위는 이제부터예요.
**The hottest season is yet to come.**
더 핫티스트 씨즌 이즈 옛 투 컴

1321　날씨가 참 서늘하군요.
**It's so nice and cool.**
잇스 쏘 나이스 앤 쿨

1322　가을은 운동과 독서의 계절입니다.
**Autumn is a good season for sports and reading.**
오텀 이저 굿 씨즌 훠 스포츠 앤 뤼딩

1323　겨울이 다가오는 것 같아요.
**I think winter is on its way.**
아이 씽 윈터 이존 잇스 웨이

1324 겨울에서 봄이 되었습니다.
**Winter changed to spring.**
윈터 체인지드 투 스프링

# Chapter 10 시간과 연월일에 대해서

시각, 요일, 연월일 등의 시간에 관한 표현은 일상생활에서 언제든지 어디서든지 입에서 바로 술술 나올 수 있도록 합시다. 시간을 물을 때는 What time is it now?(지금 몇 시죠?), 요일을 물을 때는 What day is it today?(오늘이 무슨 요일이죠?), 날짜를 물을 때는 What date is it today?(오늘은 며칠이죠?), 월을 물을 때는 What month is it?(몇 월이죠?)라고 하면 됩니다.

## Unit 1 시각을 물을 때

☐ 지금 몇 시죠?
1325
**What time is it now?**
왓 타임 이짓 나우

☐ 몇 시입니까?
1326
**Can you tell me the time?**
캔 유 텔 미 더 타임
*Do you have the time? / Have you got the time?

☐ 몇 시쯤 됐을까요?
1327 **I wonder what time it is.**
아이 원더 왓 타임 이리즈


☐ 지금이 몇 시라고 생각하십니까?
1328 **What time do you think it is?**
왓 타임 두 유 씽 이리즈


☐ 정확히 몇 시입니까?
1329 **What's the exact time?**
왓스 더 이그잭트 타임


## Unit 2 　시각에 대해 답할 때


☐ 오전 7시입니다.
1330 **It's 7 o'clock in the morning.**
잇스 세븐 어클락 인 더 모닝


☐ 오전 8시 15분입니다.
1331 **It's a quarter after 8 in the morning.**
이스 쿼터 앱터 에잇 인 더 모닝


☐ 오후 2시 반입니다.
1332 **It's 2:30(two thirty) in the afternoon.**
잇스 투 써리 인 디 앺터눈

**1333** 저녁 8시 10분전입니다.
**It's 10 minutes to 8 in the evening.**
잇스 텐 미닛츠 투 에잇 인 디 이브닝

**1334** 아직 7시밖에 안 되었어요.
**It's still only seven o'clock.**
잇스 스틸 온리 쎄븐 어클락

**1335** 6시 반이 다 되어갑니다.
**It's almost 6:30(six thirty).**
잇스 올모스(트) 씩스 써리

**1336** 5시 반 정도 된 것 같아요.
**I guess it's around 5:30(five thirty).**
아이 게쓰 잇스 어라운 화이브 써리

**1337** 어디 보자. 10시 30분입니다.
**Let's see. It's 10:30.**
랫씨  잇스 텐 써리

**1338** 4시 15분입니다.
**It's a quarter past four.**
잇서 쿼러 패슷 훠

**1339** 정각 3시입니다.
**It's exactly three o'clock.**
잇스 이그잭트리 쓰리 어클락

☐ 30분 후에(지나서).
1340 **In 30 minutes.**
인 써리 미닛스

☐ 15분 후에(지나서).
1341 **In a quarter of an hour.**
이너 쿼러 어번 아워

## Unit 3 | 시간에 대해 묻고 답할 때

☐ 거기에 가는 데 얼마나 걸립니까?
1342 **How long does it take to get there?**
하우 롱 더짓 테익 투 겟 데어

☐ 몇 시에 개점(폐점)합니까?
1343 **What time do you open(close)?**
왓 타임 두 유 오픈(클로우즈)

☐ 이제 가야 할 시간입니다.
1344 **It's about time to go.**
잇스 어바웃 타임 투 고

☐ 천천히 하세요.
1345 **Take your time.**
테이큐어 타임

☐ 1346 잠시도 지체할 틈이 없습니다.
**I have no time to lose.**
아이 해브 노 타임 투 루즈

☐ 1347 시간이 어떠세요?
**How's the time?**
하우즈 더 타임

☐ 1348 시간이 없는데요.
**I'm in a hurry.**
암 이너 허리

☐ 1349 좀더 시간이 필요합니다.
**I need more time.**
아이 니드 모어 타임

## Unit 4  연월일에 대해 말할 때

☐ 1350 몇 년도에 태어나셨어요?
**What year were you born?**
왓 이어 워 유 본

☐ 1351 몇 월이죠?
**What month is it?**
왓 먼쓰 이짓

1352 여기에 온 지 석 달입니다.
**It's three months since I came here.**
잇스 쓰리 먼쓰 씬쓰 아이 케임 히어

1353 8월 25일까지 끝낼 수 있습니까?
**Can you finish it by August 25th?**
캔 유 휘니쉿 바이 어거스트 투웬니 핍쓰

1354 오일은 6개월마다 교환해 주십시오.
**Change the oil every six months.**
체인쥐 디 오일 에브리 씩스 먼쓰

1355 오늘이 무슨 요일이죠?
**What day is it today?**
왓 데이 이짓 투데이

1356 보통 월요일에서 금요일까지 영업합니다.
**Usually, we're open Monday through Friday.**
유절리 위아 오픈 먼데이 쓰루 프라이데이

1357 오늘이 며칠이죠?
**What's the date today?**
왓스 더 데잇 투데이
*What's today's date?

1358 날짜가 언제입니까?
**What's the date?**
왓스 더 데잇

part 5

일상생활의 회제

277

1359 오늘이 무슨 날이죠?
**What's the occasion?**
왓스 더 어케이젼

1360 오늘이 무슨 특별한 날입니까?
**What special day is today?**
왓 스페셜 데이 이즈 투데이

1361 우리 휴가가 며칠부터 시작이죠?
**What date does our vacation start?**
왓 데잇 더즈 아워 붸이케이션 스탓

1362 며칠에 태어났어요?
**What date were you born?**
왓 데잇 워 유 본

# Chapter 11 이 · 미용과 세탁에 대해서

우리와는 달리 영미권에서는 이발소나 미용실에 가기 전에 미리 예약을 하고 가는 것이 일반적입니다. 이발소(barbershop)에 가면 이발사가 How should I style it?(어떤 스타일로 해 드릴까요?)라고 묻습니다. 이 때 자신이 원하는 헤어스타일을 말해야 합니다. 따라서 면도를 할 것인지, 이발만 할 것인지, 머리를 감을 것인지, 드라이를 할 것인지 특별히 원하는 것을 말하지 않으면 커트만 해주는 것이 보통입니다.

## Unit 1  이발소에서

1363
□ 이발을 하려고 합니다.
**I need a haircut.**
아이 니더 헤어컷

1364
□ 이발만 해 주세요.
**Haircut only, please.**
헤어컷 온리        플리즈

**1365** 어떤 스타일로 해 드릴까요?
**How should I style it?**
하우 슈라이 스타일릿

**1366** 머리카락을 조금 잘라 주세요.
**Will you thin it out a little?**
윌 유 씬닛 아웃 어 리틀

**1367** 윗머리는 어떻게 해 드릴까요?
**How about the top?**
하우 어바웃 더 탑

**1368** 너무 짧지 않도록 해 주세요.
**Not too short, please.**
낫 투 숏          플리즈

**1369** 면도는 하시겠어요?
**Would you like a shave?**
우쥬 라이커 쉐이브

**1370** 면도를 해 주세요.
**Give me a shave, please.**
깁 미 어 쉐이브          플리즈

**1371** 머리 좀 감겨 주세요.
**I want a shampoo, please.**
아이 원 어 샴푸          플리즈

1372 그냥 드라이기로 말려 주세요.
**Just blow-dry it, please.**
저슷 블로우 드라이 잇    플리즈

1373 이발하셨네요.
**Did you get a haircut?**
디쥬 게러 헤어컷

## Unit 2 | 미용실에서

1374 지금과 같은 머리 모양으로 해 주세요.
**Follow the same style, please.**
활 더 쎄임 스타일    플리즈

1375 커트해 주세요.
**I'd like a cut.**
아이드 라이커 컷

1376 어느 정도 자를까요?
**How would you like your hair cut?**
하우 우쥬 라이큐어 헤어 컷

1377 옆을 좀더 잘라 주세요.
**Please cut a little more off the sides.**
플리즈 커러 리를 모어 오프 더 싸이즈

281

☐ 샤기컷으로 해 주세요.
1378
**I'd like a shaggy cut.**
아이드 라이커 섀기 컷

☐ 샴푸와 세트를 해 주세요.
1379
**I'd like to have my hair washed and set.**
아이드 라익 투 햅 마이 헤어 와쉬드 앤 셋

☐ 끝을 다듬어 주세요.
1380
**Could you trim around the edges?**
쿠쥬 트림 어라운 더 에쥐스

☐ 어깨까지 길게 해 주세요.
1381
**Shoulder-length, please.**
쇼울더 렁쓰          플리즈

☐ 파마를 해 주세요.
1382
**A permanent, please.**
어 퍼머넌          플리즈

☐ 가볍게 파마를 해 주세요.
1383
**I'd like a gentle permanent.**
아이드 라이커 젠늘 퍼머넌

☐ 머리를 염색을 하고 싶습니다.
1384
**I'd like to have my hair dyed, please.**
아이드 라익 투 해브 마이 헤어 다이드    플리즈

## Unit 3  세탁소에서

☐ 이 양복을 다림질 좀 해 주세요.
1385 **I'd like to have this suit pressed, please.**
아이드 라익 투 햅 디스 숏 프레스트                           플리즈

☐ 이 양복을 세탁 좀 해 주세요.
1386 **I'd like to have this suit washed, please.**
아이드 라익 투 햅 디스 숏 와쉬드                           플리즈

☐ 이 셔츠에 있는 얼룩을 좀 제거해 주세요.
1387 **Could you remove the stain on this shirt?**
쿠쥬 리무브 더 스테인 온 디:셔(트)

☐ 언제 찾아갈 수 있죠?
1388 **How soon can I get it back?**
하우 쑨 캔 아이 게릿 백

☐ 언제 다 됩니까?
1389 **When will it be ready?**
웬 윌 잇 비 뤠디

☐ 이 코트를 수선해 주시겠어요?
1390 **Could you mend this coat?**
쿠쥬 맨드 디스 콧

283

☐ 옷 길이 좀 줄여 주세요.
1391
**Please have my dress shortened.**
플리즈 해브 마이 드레스 쇼튼드

☐ 세탁비는 얼마예요?
1392
**What's the charge for cleaning?**
왓스 더 챠지 훠 크리닝

# Chapter 12 음주와 흡연에 대해서

술집에 가서 What would you like to drink?(무엇을 마시겠습니까?)라고 묻는다면 I drink draft beer.(나는 생맥주를 마시겠습니다.) 등으로 대답하고 곧바로 I like it very much.(무척 좋아합니다.)라고 말해 보십시오. 또한 술이 취했을 때는 무리하게 마시지 말고 No, thank you.(이제 됐습니다.), I can't drink any more.(더 이상 못 마시겠습니다.), I got drunk.(취했습니다.)라고 말하면 됩니다.

## Unit 1 술을 권할 때

□ 술 한 잔 하시겠어요?
1393
**Would you care for a drink?**
우쥬 케어 훠러 드링

□ 오늘밤 한 잔 하시죠?
1394
**How about having a drink tonight?**
하우 어바웃 해빙 어 드링 투나잇

☐ 한 잔 사고 싶은데요.
1395
**Let me buy you a drink.**
렛 미 바이 유 어 드링

☐ 술 마시는 걸 좋아하세요?
1396
**Do you like to drink?**
두 유 라익 투 드링

☐ 저희 집에 가서 한 잔 합시다.
1397
**Let's go have drink at my place.**
렛스 고 해브 드링 앳 마이 플레이스
*여기서 place는 house로 바꿀 수 있다.

☐ 술은 어때요?
1398
**How about something hard?**
하우 어바웃 썸씽 하(어)(드)

☐ 술 드시러 오시지 않겠어요?
1399
**We'd love to have you over for some drinks.**
위드 러브 투 해뷰 오버 훠 썸 드링스

| Unit 2 | 건배를 할 때 |

☐ 건배합시다!
1400
**Let's have a toast!**
렛스 해버 토슷
*Bottoms up!

286

1401  □ 건배!
**Cheers!**
치어즈

1402  □ 당신을 위하여! 건배!
**Here's to you! - Cheers!**
히어즈 투 유    치어즈

1403  □ 건배!(행운을 빕니다!)
**Happy landings!**
해피 랜딩스

1404  □ 우리들의 건강을 위해!
**To our health!**
투 아워 헬쓰

1405  □ 여러분 모두의 행복을 위해!
**To happiness for all of you!**
투 해피니스 훠 올 어뷰

## Unit 3 | 술을 마시면서

1406  □ 제가 한 잔 따라 드리겠습니다.
**Let me pour you a drink.**
렛 미 포어 유아 드링

☐ 마시면서 얘기 나눕시다.
1407
**Let's have a talk over drinks.**
렛스 해버 톡 오버 드링스

☐ 2차 갑시다.
1408
**Let's go another round!**
렛스 고 어나더 라운

☐ 당신 취했군요.
1409
**You are drunk.**
유아 드렁크

☐ 제가 내겠습니다.
1410
**It's on me, please.**
잇스 온 미    플리즈
*This is my treat.

☐ 저는 술을 좋아합니다.
1411
**I'm a drinker.**
아이머 드링커

☐ 이 맥주 맛 끝내주는데요.
1412
**This beer hits the spot.**
디스 비어 힛츠 더 스팟

☐ 이 술은 뒷맛이 안 좋아요.
1413
**This liquor leaves a nasty aftertaste.**
디스 리커 리브저 내스티 앱터테이슷

## Unit 4 주량에 대해 말할 때

☐ 평소에 어느 정도 마십니까?
1414 **How much do you usually drink?**
하우 마취 두 유 유절리 드링

☐ 저는 술고래입니다.
1415 **I'm a heavy drinker.**
아이머 해비 드링커

☐ 저는 한 잔만 마셔도 얼굴이 빨개져요.
1416 **A single cup of wine makes me flushed.**
어 씽글 컵 어(브) 와인 메익스 미 훌러쉬드

☐ 나는 술을 천천히 마시는 편입니다.
1417 **I like to nurse my drinks.**
아이 라익 투 너스 마이 드링스

☐ 어느 정도 술을 마시러 갑니까?
1418 **How often do you go out drinking?**
하우 오픈 두 유 고 아웃 드링킹

☐ 매일 밤 술을 마시러 갑니다.
1419 **I go drinking every night.**
아이 고 드링킹 에브리 나잇

1420 ☐ 술이라면 무엇이든 가리지 않습니다.
**He's addicted to alcohol of any type.**
히즈 어딕티드 투 앨커홀 옵 에니 타입

1421 ☐ 숙취는 없습니까?
**Don't you get hangovers?**
돈츄 겟 행오버스

| Unit 5 | 금주에 대해 말할 때 |

1422 ☐ 알코올은 입에 대지 않기로 했습니다.
**I don't touch alcohol.**
아이 돈 타취 앨커홀

1423 ☐ 의사가 술을 마시면 안 된다고 했습니다.
**I can't drink. Doctor's orders.**
아이 캐앤 드링       닥터스 오더즈

1424 ☐ 술을 끊는 것이 좋겠습니다.
**I advise you to quit drinking.**
아이 어드바이스 유 투 쿠잇 드링킹

1425 ☐ 술을 끊었습니다.
**I gave up drinking.**
아이 게이법 드링킹

# Unit 6 　 담배에 대해 말할 때

☐ 담배를 피우고 싶어 죽겠어요.
1426 **I'm dying for a smoke.**
암 다잉 훠러 스목


☐ 담배 한 대 피우시겠습니까?
1427 **Would you care for a cigarette?**
우쥬 케어 훠러 시거렛


☐ 불을 빌려 주시겠습니까?
1428 **Could I have a light, please?**
쿠라이 해버 라잇　　　　플리즈


☐ 재떨이를 집어 주시겠어요?
1429 **Will you pass me the ashtray?**
윌 유 패쓰 미 더 애쉬트레이


☐ 아버지는 애연가입니다.
1430 **My father is a heavy smoker.**
마이 화더 이저 헤비 스모커


☐ 하루에 어느 정도 피웁니까?
1431 **How many do you smoke a day?**
하우 메니 두 유 스목 어 데이

1432 식후에 피우는 담배는 정말 맛있습니다.
**A puff after a meal is really satisfying.**
어 팝 앺터 어 밀 이즈 릴리 새티스화잉

## Unit 7 | 흡연을 허락받을 때

1433 담배를 피워도 되겠습니까?
**Do you mind if I smoke?**
두 유 마인 이퐈이 스목

1434 여기서 담배를 피울 수 있습니까?
**Can I smoke here?**
캔 아이 스목 히어

1435 어디서 담배를 피워야 됩니까?
**Where can I smoke?**
웨어 캔 아이 스목

1436 이곳은 금연석입니까?
**Is this a nonsmoking seat?**
이즈 디스 어 난스모킹 씨:(트)

1437 흡연석이 있습니까?
**Do you have a smoking seat?**
두 유 해버 스모킹 씨:(트)

1438 흡연석을 원하십니까? 아니면 금연석을 원하십니까?
**Do you want the smoking or non-smoking section?**
두 유 원 더 스모킹 오어 난스모킹 섹션
*section은 area로 바꿔서 말할 수 있다.

1439 금연석으로 변경할 수 있습니까?
**Can I change it in to a non-smoking seat?**
캔 아이 췌인짓 인 투 어 난 스모킹 씻

## Unit 8 금연에 대해 말할 때

1440 담배를 끊으셔야 해요.
**You've got to give up smoking.**
유브 갓 투 기법 스모킹

1441 당신은 담배를 너무 피워요. 몸에 안 좋은지 알아요?
**You smoke too much. It isn't good for you, you know.**
유 스목 투 마취    잇 이즌 굿 훠 유    유 노우

1442 2년 전에 담배를 끊었습니다.
**I gave up smoking two years ago.**
아이 게이법 스모킹 투 이어즈 어고우

1443
☐ 당신이 담배를 끊으면 좋겠어요.
**I want you to stop smoking.**
아이 원 츄 스탑 스모킹

1444
☐ 담배를 끊었어.
**I gave up smoking.**
아이 게이법 스모킹

## part 6

# 통신과 교통

01. 전화를 걸고 받을 때
02. 전화통화와 트러블
03. 우체국을 이용할 때
04. 은행을 이용할 때
05. 길을 묻고 답할 때
06. 대중교통을 이용할 때
07. 자동차를 운전할 때

이제 유선전화는 물론 휴대전화도 바쁘게 살아가는 현대인의 필수품이 되었습니다. 여기서 전화 통화에 관련된 다양한 표현은 물론, 우편, 은행 등 통신에 관한 표현을 착실히 익히도록 합시다. 또한 외국에 나가서 대중교통을 이용하여 돌아다니는 것은 색다른 맛을 느끼게 해줍니다. 외출을 하기 전에 우선 교통에 관한 표현은 물론 대중교통에 대한 정보를 입수하여 길을 잃거나 헤매는 일이 없도록 합시다.

# Chapter 01 전화를 걸고 받을 때

상대의 이름을 잘 알아듣지 못했을 때는 May I have your name again? (다시 한번 성함을 말씀해 주시겠습니까?)라고 이름을 확인하십시오. 그리고 Would you hold on, please? (잠깐 기다려 주십시오.)라고 말하고 상대를 바꿔줍니다. 또한 부재중은 아닌데 전화를 받을 수 없을 때는 I'm sorry. He can't come to the telephone right now. (죄송합니다. 그는 지금 전화를 받을 수 없습니다.)라고 합니다.

## Unit 1 전화를 걸기 전에

□ 공중전화는 어디에 있습니까?
1445
**Can you tell me where the pay telephone is?**
캔 유 텔 미 웨어 더 패이 텔러폰 이즈
*pay telephone 공중전화

□ 전화를 사용해도 될까요?
1446
**May I use your phone?**
메아이 유쥬어 폰

1447 이 전화로 시외전화를 할 수 있습니까?
**Can I make a long distance call from this phone?**
캔 아이 메이커 롱 디스턴스 콜 후럼 디스 폰

1448 전화번호부가 있습니까?
**Do you have a telephone directory?**
두 유 해버 텔러폰 디렉토리
*telephone directory 전화번호부

1449 뉴욕의 지역번호는 몇 번입니까?
**What's the area code for New York?**
왓스 더 에리어 코드 훠 뉴욕

1450 전화를 걸어 주시겠습니까?
**Could you call me, please.**
쿠쥬 콜 미    플리즈

1451 장거리 전화를 부탁합니다.
**Long distance, please.**
롱 디스턴스    플리즈

## Unit 2 전화를 걸 때

1452 여보세요! 저는 미스터 김인데요.
**Hello! This is Mr. Kim speaking.**
헬로우  디씨즈 미스터 킴 스피킹

297

☐ 서울에서 온 미스터 김입니다.
1453
**This is Mr. Kim from Seoul.**
디씨즈 미스터 킴 후럼 써울

☐ 미스터 김 계세요?
1454
**Is Mr. Kim in?**
이즈 미스터 킴 인

☐ 여보세요, 미스 박?
1455
**Hello, Miss Park?**
헬로우  미스 박

☐ 김씨 거기에 있습니까?
1456
**Is Mr. Kim there?**
이즈 미스터 킴 데어

☐ 거기 김씨 댁 아닙니까?
1457
**Isn't this the Kim residence?**
이즌 디스 더 킴 뤠지던스

☐ (전화를 받으시는 분은) 누구십니까?
1458
**Who am I speaking to, please?**
후 엠 아이 스피킹 투    플리즈

☐ 메리 좀 바꿔 주세요.
1459
**Mary, please.**
매리    플리즈

☐ 김씨 좀 바꿔주세요.
1460
**I'd like to talk to Mr. Kim, please.**
아이드 라익 투 톡 투 미스터 킴   플리즈

## Unit 3 | 전화가 걸려왔을 때

☐ 전화 왔습니다.
1461
**There's a call for you.**
데어저 콜 훠 유
*전화를 건네주며 하는 말로 It's for you.라고 한다.

☐ 전화는 제가 받을게요.
1462
**I'll cover the phones.**
알 커버 더 폰즈

☐ 전화한 사람이 누구예요?
1463
**Who was that on the telephone?**
후 워즈 댓 온 더 텔러폰

☐ 전화 좀 받아주세요.
1464
**Please answer the phone.**
플리즈 앤써 더 폰

☐ 전화 좀 받아 주실래요?
1465
**Would you get that phone, please?**
우쥬 겟 댓 폰   플리즈

## Unit 4  전화를 받을 때

1466
□ 네, 전화 주셔서 감사합니다.
**O.K. Thank you for calling.**
오케이 땡큐 풔 콜링

1467
□ 전화하시는 분은 누구시죠?
**Who's calling, please?**
후즈 콜링　　　플리즈
*대답으로 It's me.(접니다.), This is he speaking. 따위가 사용된다.

1468
□ 누구시죠?
**Who's this?**
후즈 디스

1469
□ 어떤 용건인지 여쭤봐도 될까요?
**May I ask what this is regarding?**
메아이 애슥 왓 디씨즈 뤼가딩

1470
□ 무엇을 도와드릴까요?
**How may I help you?**
하우 메아이 헬퓨

300

## Unit 5  전화를 바꿔줄 때

1471
☐ 잠깐만 기다려 주세요.
**One moment, please.**
원 모먼    플리즈

1472
☐ 누구 바꿔 드릴까요?
**Who do you wish to speak to?**
후 두 유 위시 투 스픽 투

1473
☐ 미스터 이, 미스터 김 전화에요.
**Mr. Lee, Mr. Kim is on the line.**
미스터 리  미스터 킴 이즈 온 더 라인

1474
☐ 기다려 주셔서 감사합니다.
**Thank you for waiting.**
땡큐 풔 웨이팅

1475
☐ 미스터 김한테 전화를 돌려드리겠습니다.
**I'll put you through to Mr. Kim.**
알 풋 유 쓰루 투 미스터 킴

301

## Unit 6　국제전화를 걸 때

☐ 이 전화로 한국에 걸 수 있습니까?
1476　**Can I call Korea with this telephone?**
캔 아이 콜 코리어 윗 디스 텔러폰

☐ 한국에 전화하고 싶은데요.
1477　**I'd like to call Korea.**
아이드 라익 투 콜 코리어

☐ 컬렉트콜로 부탁합니다.
1478　**By collect call, please.**
바이 컬렉트 콜　　플리즈

☐ 수신자 부담 통화를 하고 싶습니다.
1479　**I'd like to place a collect call.**
아이드 라익 투 플레이스 어 컬렉트 콜

☐ 직접 (국제)전화를 걸 수 있습니까?
1480　**Can I dial directly?**
캔 아이 다이얼 디렉트리

☐ 신용카드로 전화를 걸고 싶습니다.
1481　**I'd like to make a credit card call.**
아이드 라익 투 메이커 크래릿 카(어)(드) 콜

1482 번호통화를 부탁합니다.
**Make it a station-to-station call, please.**
메이키러 어 스테이션 투 스테이션 콜　　　플리즈

1483 전화요금은 얼마입니까?
**How much was the charge?**
하우 마취 워즈 더 촤지

## Unit 7 | 교환을 이용할 때

1484 교환에게 걸려면 어떻게 해야 합니까?
**How do I get the operator?**
하우 두 아이 겟디 아퍼레이러

1485 교환입니다. 무얼 도와드릴까요?
**Directory assistance. May I help you?**
디렉트리 어씨스턴스　　　메아이 헬퓨

1486 교환, 잘못 연결됐어요.
**Operator, I reached the wrong number.**
아퍼레이러　아이 리취드 더 롱 넘버

1487 기다려 주시겠습니까?
**Would you hold the line?**
우쥬 홀드 더 라인

1488 상대방이 연결되었습니다. 자 통화하십시오.
**Your party is on the line. Please go ahead.**
유어 파리즈 온 더 라인   플리즈 고 어헤드

# Chapter 02 전화통화와 트러블

전화가 잘못 걸려왔을 때는 You have got the wrong number.(잘못 거셨습니다.)라고 말해도 상관없습니다. 하지만 분명하지 않는 경우에는 Who would you like to talk to?(누구에게 거셨습니까?)라고 확인하는 게 좋을 겁니다. 그리고 잘못 걸었다는 것을 알았다면 I think you should check the number again.(다시 한번 번호를 확인하는 게 좋겠습니다.)라고 말합시다.

## Unit 1 메시지를 받을 때

☐ 그에게 메시지를 전해드릴까요?

1489
**May I take a message for him?**
메아이 테이커 메시지 훠 힘

☐ 메시지를 남기시겠습니까(전할 말씀 있으세요)?

1490
**Would you like to leave a message?**
우쥬 라익 투 리브 어 메시지

*Is there any message? / Do you have message? / May I take a message?

☐ 그에게 전화 드리라고 할까요?
1491 **Would you like him to call(phone) you back?**
우쥬 라익 힘 투 콜(폰) 유 백

☐ 그에게 메시지를 남겨도 될까요?
1492 **Can I leave him a message, please?**
캔 아이 리브 힘 어 메시지    플리즈

☐ 메시지를 받아둘까요?
1493 **Can I take a message?**
캔 아이 테이커 메시지

☐ 댁의 전화번호를 가르쳐 주십시오.
1494 **May I have your number, please?**
메아이 해뷰어 넘버    플리즈

☐ 전화번호를 알려 주십시오.
1495 **What's your phone number?**
왓츄어 폰 넘버
\*mobile phone(휴대전화)를 cellular phone이라고도 한다.

| Unit 2 | 메시지를 부탁할 때 |

☐ 그녀에게 메시지를 남기고 싶은데요.
1496 **I'd like to leave her a message, please.**
아이드 라익 투 리브 허러 메시지    플리즈

☐ 제게 전화해 달라고 그에게 전해주시겠습니까?
1497 **Could you ask him to phone me back, please?**
쿠쥬 애스크 힘 투 폰 미 백                    플리즈

☐ 돌아오면 저한테 전화해 달라고 전해 주시겠습니까?
1498 **Please tell him to call me back.**
플리즈 텔 힘 투 콜 미 백

☐ 제가 전화했었다고 그에게 좀 전해주시겠습니까?
1499 **Will you tell him I called, please?**
윌 유 텔 힘 아이 콜드                    플리즈

☐ 그에게 제가 다시 전화하겠다고 좀 전해주십시오.
1500 **Please tell him I'll call back.**
플리즈 텔 힘 알 콜 백

☐ 그냥 제가 전화했다고 그에게 말하세요.
1501 **Just tell him that I called.**
저슷 텔 힘 댓 아이 콜드

| Unit 3 | 전화 받을 상대가 없을 때 |

☐ 지금 자리에 안 계세요.
1502 **He's not in right now.**
히즈 낫 인 롸잇 나우

☐ 그는 지금 통화하기 힘들어요.
1503 **He's not available now.**
히즈 낫 어베일러블 나우

☐ 전화 안 받아요.
1504 **There's no answer.**
데어즈 노 앤서

☐ 지금은 외출중입니다. 곧 돌아오실 겁니다.
1505 **She's out now. She'll be back at any moment.**
쉬즈 아웃 나우   쉬일 비 백 앳 에니 모먼

☐ 점심식사를 하러 나가셨습니다.
1506 **She's out for lunch.**
쉬즈 아웃 풔 런취

☐ 지금 회의 중입니다.
1507 **He's in a meeting.**
히즈 이너 미팅

☐ 퇴근하셨습니다.
1508 **He's gone for the day.**
히즈 곤 풔 더 데이

☐ 지금 다른 전화를 받고 있습니다.
1509 **He's on another line.**
히즈 온 어나더 라인

## Unit 4  잘못 걸려온 전화를 받았을 때

1510
죄송합니다. 전화를 잘못 거셨습니다.
**I'm sorry. You have the wrong number.**
아임 쏘리    유 해브 더 렁 넘버

1511
몇 번을 돌리셨나요?
**What number did you dial?**
왓 넘버 디쥬 다이얼

1512
전화번호를 다시 확인해 보세요.
**You'd better check the number again.**
유드 베러 첵 더 넘버 어게인

1513
미안합니다만, 여긴 김이라는 사람이 없는데요.
**I'm sorry, we don't have a Kim here.**
아임 쏘리    위 돈 해버 킴 히어

1514
아닌데요.
**No, it isn't.**
노    잇 이즌

1515
여보세요. 누구를 찾으세요?
**Hello. Who are you calling?**
헬로우    후 아유 콜링

309

1516 ☐ 여긴 그런 이름 가진 사람 없는데요.
**There is no one here by that name.**
데어리즈 노 원 히어 바이 댓 네임

1517 ☐ 제가 전화를 잘못 걸었습니다.
**I must have the wrong number.**
아이 머슷 햅 더 렁 넘버

# Chapter 03 우체국을 이용할 때

우표를 사고 싶을 때는 Where can I buy stamps?(우표는 어디서 살 수 있나요?)라고 물을 수 있습니다. 그리고 Where can I put this?(어디에 넣으면 됩니까?)라고 말하면 장소를 가르쳐 주던지 I'll take care of it.(제가 부쳐 드리겠습니다.)라고 말할 것입니다. 엽서 등은 당연히 항공편이므로 By airmail, please.(항공편으로 부탁합니다.)라고 말하면 완벽합니다. 소포 등을 선편으로 보낼 때는 By seamail(surface mail), please.(선편으로 부탁합니다.)라고 표현합니다.

## Unit 1 우체국에 대해 물을 때

□ 가장 가까운 우체국은 어디에 있습니까?
1518
**Where is the nearest post office?**
웨어리즈 더 니어리슷 포슷 오휘스

□ 우체통은 어디에 있나요?
1519
**Where is the mailbox?**
웨어리즈 더 메일박스

☐ 우체국은 몇 시에 닫습니까?
1520
**What time does the post office close?**
왓 타임 더즈 더 포슷 오휘스 클로즈
*close 닫다 ↔ open 열다

☐ 우표는 어디에서 살 수 있습니까?
1521
**Where can I buy stamps?**
웨어 캔 아이 바이 스템스

☐ 13센트 우표 5장 주십시오.
1522
**Five 13 cent stamps, please.**
화이브 써틴 센트 스템스    플리즈

☐ 1달러짜리 우표 3장 주십시오.
1523
**Please give me three one-dollar stamps.**
플리즈 깁 미 쓰리 원 달러 스템스

☐ 기념우표를 주세요.
1524
**Can I have commemorative stamps?**
캔 아이 해브 커메머레이티브 스템스

☐ 항공우편 봉투는 있습니까?
1525
**Do you have airmail envelopes?**
두 유 해브 에어메일 엔벌롭스

## Unit 2  편지를 부칠 때

1526  이걸 한국으로 부치고 싶습니다.
**I'd like to send this to Korea.**
아이드 라익 투 센 디스 투 코리어

1527  이걸 한국으로 보내려면 얼마나 듭니까?
**How much would it cost to send this to Korea?**
하우 마취 우딧 코슷 투 샌 디스 투 코리어

1528  속달(등기)로 보내 주세요.
**Express mail(Registered mail), please.**
익스프레스 메일(레저스터드 메일)　　　플리즈

1529  이 우편 요금은 얼마입니까?
**How much is the postage for this?**
하우 마취 이즈 더 포스티지 훠 디스

1530  한국에는 언제 쯤 도착합니까?
**How long will it take to get to Korea?**
하우 롱 윌릿 테익 투 겟 투 코리어

1531  항공편(선편)으로 부탁합니다.
**By air mail(sea mail), please.**
바이 에어 메일(씨 메일)　　　플리즈

☐ 이거 우편요금이 얼마예요?
1532　**How much is the postage for this?**
하우 마취 이즈 더 포스티쥐 풔 디스

☐ 엽서를 보내고 싶습니다.
1533　**I want to send a post card.**
아이 원 투 센더 포슷 카드

## Unit 3　소포를 부칠 때

☐ 이 소포를 한국으로 보내고 싶습니다.
1534　**I'd like to send this parcel to Korea.**
아이드 라익 투 센 디스 파슬 투 코리어

☐ 내용물은 무엇입니까?
1535　**What's inside?**
왓스 인사이드

☐ 선편으로 며칠 정도면 한국에 도착합니까?
1536　**How long will it take by sea mail to Korea?**
하우 롱 윌릿 테익 바이 씨 메일 투 코리어

☐ 깨지기 쉬운 것이 들어 있습니다.
1537　**This is fragile.**
디씨즈 흐래절

☐ 소포를 보험에 들겠어요.
1538 **I'd like to have this parcel insured.**
아이드 라익 투 해브 디스 파슬 인슈어드

# Chapter 04 은행을 이용할 때

은행을 찾을 때는 Where can I find the bank?(은행은 어디에 있습니까?), 달러로 바꾸고 싶을 때는 Change these to dollars, please.(이것을 달러로 바꿔 주십시오.), 계좌를 만들고 싶을 때는 I would like to open an account.(계좌를 개설하고 싶습니다.) 단기간의 여행을 할 때는 은행이나 환전소(Exchange Bureau)를 이용하게 되지만, 장기간 체류하는 경우에는 은행에 계좌를 만들어 놓는 것이 여러 가지 면에서 편리합니다.

## Unit 1 은행을 찾을 때

☐ 은행은 어디에 있습니까?
1539
**Where can I find the bank?**
웨어 캔 아이 화인 더 뱅크

☐ 은행에 좀 다녀와 줄 수 있겠어요?
1540
**Could you go to the bank for me?**
쿠쥬 고 우 더 뱅크 훠 미

1541 은행 영업시간을 알려 주세요.
**Please tell me the business hours of the bank.**
플리즈 텔 미 더 비즈니스 아워즈 옵 더 뱅크

## Unit 2 | 환전을 할 때

1542 환전은 어디에서 합니까?
**Where can I change money?**
웨어 캔 아이 체인지 마니

1543 여기서 환전할 수 있을까요?
**Can I change some money here?**
캔 아이 체인지 썸 마니 히어

1544 원을 달러로 환전하고 싶습니다.
**I would like to exchange Korean won for dollars.**
아이 우드 라익 투 익스체인지 코리언 원 훠 달러즈

1545 이것을 달러로 바꿔 주십시오.
**Change these to dollars, please.**
체인지 디즈 투 달러즈       플리즈

1546 오늘의 환율은 얼마입니까?
**What's the current exchange rate today?**
왓스 더 커런트 익스체인지 레잇 투데이

317

☐ 현재 환율은 얼마입니까?
1547
**What's the current exchange rate?**
왓스 더 커런 익스체인지 레잇

## Unit 3 | 잔돈을 바꿀 때

☐ 100달러짜리로 바꿔 주십시오.
1548
**Could you change a 100 dollar bill for me?**
쿠쥬 체인지 어 원 헌드러드 달러 빌 훠 마

☐ 여행자 수표를 현금으로 바꾸고 싶습니다.
1549
**I would like to cash a traveler's check.**
아이 우드 라익 투 캐쉬 어 트레벌러즈 첵

☐ 여기서 여행자 수표를 현금으로 바꿀 수 있겠습니까?
1550
**Can I cash a traveler's check here?**
캔 아이 캐쉬 어 트레벌러즈 첵 히어

## Unit 4 | 계좌를 개설할 때

☐ 보통예금 계좌로 해주세요.
1551
**A regular savings account, please.**
어 레귤러 세이빙스 어카운    플리즈

☐ 계좌를 개설하고 싶습니다.
1552 **I would like to open an account.**
아이 우드 라익 투 오픈 언 어카운

☐ 당좌예금을 개설하고 싶습니다.
1553 **I would like to open a checking account.**
아이 우드 라익 투 오픈 어 체킹 어카운

## Unit 5 예금 · 송금할 때

☐ 예금을 하고 싶습니다.
1554 **I'd like to make a deposit.**
아이드 라익 투 메이커 디파짓

☐ 제 정기적금을 해약하고 싶습니다.
1555 **I'd like to annul my time deposit.**
아이드 라익 투 어널 마이 타임 디파짓

☐ 현금을 제 통장으로 직접 입금시킬 수 있을까요?
1556 **May I have money sent direct to my account?**
메아이 해브 머니 센트 다이렉 투 마이 어카운

☐ 송금 수수료는 얼마입니까?
1557 **What's the remittance charge?**
왓스 더 리밋턴스 챠지

# Chapter 05 길을 묻고 답할 때

길을 가르쳐 줄 때 가장 확실한 방법은 알고 있으면 거기에 데려다 주는 것입니다. 그럴 때 예를 들면, I'm going in the same direction.(저도 같은 방향으로 가는 중입니다.)라고 말하십시오. 게다가 I'll take you there.(거기까지 모셔다 드리겠습니다.)라고 하면 됩니다. 데려다 준 외국인도 분명 기뻐하며 Thank you.라고 말할 것입니다. 그렇다면 여유 있는 미소로 You're welcome.(천만에요.), Have a nice trip!(즐거운 여행이 되십시오.)라고 마무리를 하면 합격입니다.

## Unit 1 길을 물을 때

1558
저, 실례합니다!
**Excuse me!**
익스큐즈 미

1559
(지도를 가리키며) 여기는 어디에 있습니까?
**Where are we now?**
웨어라 위 나우

1560　실례합니다. 잠깐 여쭙겠습니다.
**Excuse me. I have a question.**
익스큐즈 미　　아이 해버 퀘스쳔

1561　여기는 무슨 거리입니까?
**What street is this?**
왓 스트릿 이즈 디스

1562　이 주위에 지하철역이 있습니까?
**Is there a subway station around here?**
이즈 데어러 썹웨이 스테이션 어라운 히어

1563　지도에 표시해 주시겠습니까?
**Would you mark it, please.**
우쥬 마킷　　　　플리즈

1564　역으로 가는 길을 가르쳐 주십시오.
**Please tell me the way to the station.**
플리즈 텔 미 더 웨이 투 더 스테이션

1565　박물관에는 어떻게 가면 됩니까?
**How can I get to the museum?**
하우 캔 아이 겟 투 더 뮤지엄

1566　그곳으로 가는 가장 좋은 방법은 무엇입니까?
**What's the best way to go there?**
왓스 더 베슷 웨이 투 고 데어

321

## Unit 2    시간과 거리를 물을 때

☐ 걸어서 몇 분 걸립니까?
1567 **How many minutes by walking?**
하우 메니 미닛츠 바이 워킹

☐ 거기까지 어느 정도 시간이 걸립니까?
1568 **How long does it take?**
하우 롱 더짓 테익

☐ 여기에서 가깝습니까?
1569 **Is it near here?**
이짓 니어 히어

☐ 역까지 멉니까?
1570 **Is it far to the station?**
이즈 잇 화 투 더 스테이션

☐ 거기까지 버스로 갈 수 있습니까?
1571 **Can I get there by bus?**
캔 아이 겟 데어 바이 버스
*교통수단을 나타낼 경우 예) by train(subway, airplane)

☐ 거기에 가려면 택시밖에 없나요?
1572 **Is a taxi the only way to get there?**
이저 택시 디 온리 웨이 투 겟 데어

## Unit 3  길을 가리켜줄 때

☐ 저기입니다(저쪽입니다).
1573 **It's over there.**
잇스 오버 데어

☐ 곧장 가세요.
1574 **Go straight ahead.**
고 스트레잇 어헤드

☐ 되돌아가세요.
1575 **You should turn back.**
유 슈드 턴 백

☐ 저 빌딩입니다.
1576 **That building.**
댓 빌딩

☐ 왼쪽에 절이 있습니다.
1577 **There's a temple on the left.**
데어저 템플 온 더 렙트

☐ 오른쪽에 병원이 있습니다.
1578 **You'll find the hospital on your right.**
유일 화인 더 하스피럴 온 유어 롸잇

1579 거기까지 걸어서 갈 수 있습니다.
**You can walk there.**
유 캔 웍 데어

1580 걸어서 5분 거리입니다.
**Five minutes on foot.**
화이브 미닛츠 온 풋
*on foot 도보로

1581 이 빌딩 뒤에 있어요.
**It's behind this building.**
잇스 비하인드 디스 빌딩

1582 저도 같은 방향으로(그쪽으로) 가는 중입니다.
**I'm going that way.**
아임 고잉 댓 웨이

1583 약도를 그려 드릴게요.
**I'll draw a map for you.**
알 드뤄 어 맵 휘 유

1584 데려다 드릴게요. (차로)
**I'll take you there.**
알 테이큐 데어

1585 차를 타는 게 좋겠어요.
**It's better for you to ride.**
잇스 배러 휘 유 투 라이드

1586 ☐ 길을 잘못 들었습니다.
**You took the wrong way.**
유 툭 더 렁 웨이

1587 ☐ 길을 건너세요.
**Cross the street.**
크로스 더 스트릿

| Unit 4 | 자신도 길을 모를 때 |

1588 ☐ 저 사람에게 물어볼게요.
**I'll ask that man for you.**
알 애스크 댓 맨 풔 유

1589 ☐ 파출소에서 물어볼게요.
**I'll inquire at the police box for you.**
알 인콰이어 앳 더 폴리스 박스 풔 유

1590 ☐ 이 근처인 것 같은데요….
**It's somewhere around here.**
잇스 썸웨어 어라운 히어

1591 ☐ 미안합니다. 잘 모르겠습니다.
**I'm sorry. I don't know.**
아임 쏘리     아이 돈 노우

325

☐ 저는 여행자입니다.
1592 **I'm a tourist.**
아이머 투어리숫

☐ 미안합니다. 저도 잘 모릅니다.
1593 **I'm afraid I can't tell you.**
암 어후레이드 아이 캐앤 텔 유

☐ 다른 사람에게 물어보십시오.
1594 **Please ask someone else.**
플리즈 애슥 썸원 엘스

☐ 지도를 가지고 있습니까?
1595 **Do you have a map?**
두 유 해버 맵

☐ 저도 여기는 초행입니다.
1596 **I'm a stranger around here.**
아이머 스트레인져 어롸운 히어

## Unit 5   길을 잃었을 때

☐ 길을 잃었습니다.
1597 **I got lost on my way.**
아이 갓 로숫 온 마이 웨이

1598 실례합니다! 여기는 무슨 거리입니까?
**Excuse me! What's this street?**
익스큐즈 미  왓스 디스 스트릿

1599 길을 잃었습니다. 지금 여기가 어디입니까?
**I've lost my way. Where am I now?**
아이브 로슷 마이 웨이  웨어렘 아이 나우

1600 코리아타운으로 가는 길입니다.
**We're going to Korea Town.**
위아 고잉 투 코리어 타운

1601 이 길이 아닙니까?
**Am I on the wrong street?**
에마이 온 더 렁 스트릿

1602 친절을 베풀어 주셔서 감사합니다.
**It's very kind of you. Thank you.**
잇스 베리 카인돕 유  땡큐

# Chapter 06 대중교통을 이용할 때

택시를 cab이라고도 합니다. 뉴욕에서는 택시가 노란색이어서 yellow cab라고도 합니다. 택시승강장이 근처에 있을 때는 There's a taxi stand over there. (저기에 택시승강장이 있습니다.)라고 가르쳐 주십시오. 지하철은 입구가 많이 있으므로 물을 경우에는 Where is the entrance?(입구가 어디죠?)라고 하면 됩니다. 버스를 이용할 때 「~행 버스는 어디서 타면 됩니까?」란 질문에는 그 장소를 가리키며 The bus stop is over there. (그 버스정류소는 저기입니다.), You can get the bus here.(이 승강장에서 탈 수 있습니다.)라고 표현합니다.

## Unit 1 택시를 타기 전에

☐ 택시 승강장은 어디에 있습니까?
1603
**Where's the taxi stand?**
웨어즈 더 택시 스탠드

☐ 택시를 탑시다.
1604
**Let's catch a taxi.**
렛스 캐취 택시

1605 어디서 택시를 탈 수 있습니까?
**Where can I get a taxi?**
웨어 캔 아이 게러 택시

1606 어디서 기다리고 있으면 됩니까?
**Where should we wait?**
웨어 슈드 위 웨잇

1607 공항까지 요금이 얼마나 됩니까?
**How much will it cost to the airport?**
하우 마취 윌릿 코슷 투 디 에어폿

1608 택시를 타면 얼마나 걸립니까?
**How long does it take by taxi?**
하우 롱 더짓 테익 바이 택시

1609 얼마나 걸릴까요? (시간의 소요)
**How long will it take?**
하우 롱 윌릿 테익

1610 밤에는 요금이 더 드나요?
**Are your rates more expensive at night?**
아 유어 레잇스 모어 익스펜씨브 앳 나잇

1611 택시!
**Taxi!**
택시

329

## Unit 2  택시를 탔을 때

☐ 우리들 모두 탈 수 있습니까?
1612
**Can we all get in the car?**
캔 위 올 게 린 더 카


☐ 트렁크를 열어 주시겠어요?
1613
**Would you open the trunk?**
우쥬 오픈 더 트렁


☐ 어디까지 가십니까?
1614
**Where to?**
웨어 투


☐ 어디로 가십니까? (목적지를 물을 때)
1615
**Where are you going?**
웨어라유 고잉


☐ 이 주소로 데려다 주시겠어요?
1616
**To this address, please?**
투 디스 어드레스      플리즈


☐ 빨리 가 주세요.
1617
**Step on it, please.**
스텝 오닛     플리즈
\*Hurry up! 서둘러요!

330

1618 ☐ 9시까지 도착할 수 있을까요?
**Can I get there by nine?**
캔 아이 겟 데어 바이 나인

1619 ☐ 가장 가까운 길로 가 주세요.
**Take the shortest way, please.**
테익 더 쇼티스트 웨이  플리즈

1620 ☐ 좀더 천천히 가 주세요.
**Could you drive more slowly?**
쿠쥬 드라이브 모어 슬로우리

## Unit 3  택시에서 내릴 때

1621 ☐ 다 왔습니다, 손님.
**Here we are, sir.**
히어 위 아  써

1622 ☐ 여기서 세워 주세요.
**Stop here, please.**
스탑 히어  플리즈

1623 ☐ 다음 신호에서 세워 주세요.
**Please stop at the next light.**
플리즈 스탑 앳 더 넥슷 라잇

☐ 이 근처 아무 곳에서나 세워 주세요.
1624
**Let me get off anywhere near here, please.**
렛 미 겟 오프 에니웨어 니어 히어     플리즈

☐ 좀더 앞까지 가주세요.
1625
**Could you pull up a little further?**
쿠쥬 풀 어퍼 리를 훠더

☐ 제 가방을 내려 주시겠습니까?
1626
**Could you take out my bags?**
쿠쥬 테이카웃 마이 백스

☐ 요금은 얼마입니까?
1627
**How much is it?**
하우 마취 이짓

☐ 요금이 잘못된 것 같아요.
1628
**That fare doesn't seem right.**
댓 훼어 더즌 씸 롸잇

☐ 거리에 비해서 요금이 너무 비싸군요.
1629
**The fare is too high for this distance.**
더 훼어리즈 투 하이 풔 디스 디스턴스

☐ 감사합니다. 잔돈은 가지세요.
1630
**Thanks. Keep the change.**
땡스       킵 더 체인지

☐ 여기서 기다려 주시겠어요?
1631 **Would you wait for me here?**
우쥬 웨잇 훠 미 히어

☐ 2~3분 후에 돌아오겠습니다.
1632 **I'll be back in a couple of minute.**
알 비 백 인 어 커플 옵 미닛

| **Unit 4** | 시내버스를 이용할 때 |

☐ 버스 정류소는 어디에 있습니까?
1633 **Where's the bus stop?**
웨어즈 더 버 스탑

☐ 어느 버스가 시내로 가죠?
1634 **Which bus goes to down town?**
위치 버스 고우즈 투 다운 타운

☐ 어느 버스를 타야 되나요?
1635 **Which bus should I take?**
위치 버스 슈다이 테익

☐ 표는 어디서 살 수 있습니까?
1636 **Where can I get a ticket?**
웨어 캔 아이 게러 티킷

333

☐ 어느 버스를 타면 됩니까?
1637 **Which bus do I get on?**
위치 버스 두 아이 게론

☐ (버스를 가리키며) 미술관행입니까?
1638 **To the art museum?**
투 디 아트 뮤지엄

☐ 이 버스가 센트럴 파크 앞에 섭니까?
1639 **Does this bus stop at Central Park?**
더즈 디스 버 스탑 앳 센트럴 팍

☐ 갈아타야 합니까?
1640 **Do I have to transfer?**
두 아이 해브 투 트랜스훠

☐ 시청 가려면 어디서 내리죠?
1641 **Where do I get off for City Hall?**
웨어 두 아이 겟 오프 훠 씨리 홀

☐ 도착하면 가르쳐 주세요.
1642 **Tell me when we arrive there.**
텔 미 웬 위 어롸입 데어

☐ 여기서 내릴게요.
1643 **I'll get off here.**
아일 겟 오프 히어

## Unit 5  고속버스를 이용할 때

☐ 버스 터미널은 어디에 있습니까?
1644
**Where is the depot?**
웨어리즈 더 디포

☐ 매표소는 어디에 있습니까?
1645
**Where is the ticket office?**
웨어리즈 더 티킷 오휘스

☐ 거기에 가는 직행버스는 있나요?
1646
**Is there any bus that goes there directly.**
이즈 데어래니 버스 댓 고우즈 데어 다이렉틀리

☐ 라스베이거스까지 두 장 주세요.
1647
**Two for Las Vegas, please.**
투 훠 라스 베이거스        플리즈

☐ 돌아오는 버스는 어디서 탑니까?
1648
**Where is the bus stop for going back?**
웨어리즈 더 버 스탑 훠 고잉 백

## Unit 6   관광버스를 이용할 때

□ 라스베이거스를 방문하는 투어는 있습니까?
1649
**Do you have a tour to Las Vegas?**
두 유 해버 투어 투 라스 베이거스


□ 여기서 예약할 수 있나요?
1650
**Can I make a reservation here?**
캔 아이 메이커 레저베이션 히어


□ 버스는 어디서 기다립니까?
1651
**Where do we meet again?**
웨어 두 위 밋 어게인


□ 몇 시에 돌아옵니까?
1652
**What time are we returning?**
왓 타임 아 위 리터닝


□ 호텔까지 데리러 옵니까?
1653
**Will you pick us up at the hotel?**
윌 유 픽커스 업 앳 더 호텔

## Unit 7 　지하철역과 출입구를 찾을 때

☐ 지하철 노선도를 주시겠습니까?
1654
**May I have a subway map?**
메아이 해버 썹웨이 맵

☐ 이 근처에 지하철역이 있습니까?
1655
**Is the subway station near here?**
이즈 더 썹웨이 스테이션 니어 히어

☐ 가장 가까운 지하철역이 어디죠?
1656
**Where's the nearest subway station?**
웨어즈 더 니어리숫 썹웨이 스테이션

☐ 입구가 어디죠?
1657
**Where is the entrance?**
웨어리즈 더 엔트런스

☐ 센트럴파크로 가려면 어디로 나가면 됩니까?
1658
**Which exit should I take for Central Park?**
위치 에그짓 슈다이 테익 훠 센트럴 팍

☐ 월 스트리트로 나가는 출구가 어디죠?
1659
**Where is the exit for Wall Street?**
웨어리즈 더 에그짓 훠 월 스트릿

## Unit 8 　타고자 하는 지하철을 물을 때

☐ 어느 선이 시청으로 가죠?
1660
**Which line goes to City Hall?**
위치 라인 고우즈 투 씨리 홀

☐ 어느 선이 센트럴 파크로 갑니까?
1661
**Which line goes to Central Park?**
위치 라인 고우즈 투 센트럴 팍

☐ 서부역은 몇 호선입니까?
1662
**Which line is for West Station?**
위치 라인 이즈 훠 웨슷 스테이션

☐ 어디서 갈아탑니까?
1663
**Where should I change trains?**
웨어 슈다이 체인지 트레인스


## Unit 9 　지하철표를 살 때

☐ 표는 어디서 살 수 있습니까?
1664
**Where can I buy a ticket?**
웨어 캔 아이 바이 어 티킷

1665 매표소가 어디죠?
**Where is the ticket office?**
웨어리즈 더 티킷 오휘스

1666 자동매표기는 어디에 있습니까?
**Where is the ticket machine?**
웨어리즈 더 티킷 머쉰

## Unit 10 지하철을 탔을 때

1667 어느 역에서 갈아타죠?
**What station do I transfer?**
왓 스테이션 두 아이 트랜스훠

1668 이건 남부역에 갑니까?
**Is this for South Station?**
이즈 디스 훠 싸우스 스테이션

1669 북부역은 몇 번째입니까?
**How many stops are there to North Station?**
하우 메니 스탑스 아 데어 투 노쓰 스테이션

1670 다음은 어디입니까?
**What's the next station?**
왓스 더 넥 스테이션

☐ 이 지하철은 동부역에 섭니까?
1671 **Does this train stop at East Station?**
더즈 디스 트레인 스탑 앳 이슷 스테이션

☐ 이 노선의 종점은 어디입니까?
1672 **Where's the end of this line?**
웨어즈 디 엔덥 디스 라인

☐ 여기가 어디입니까?
1673 **Where are we now?**
웨어라 위 나우

☐ 표를 잃어버렸습니다.
1674 **I lost my ticket.**
아이 로숫 마이 티킷

☐ 지하철에 가방을 두고 내렸습니다.
1675 **I left my bag in a subway.**
아이 렙트 마이 백 이너 썹웨이

## Unit 11  열차표를 살 때

☐ 매표소는 어디에 있습니까?
1676 **Where's the ticket window?**
웨어즈 더 티킷 윈도우

☐ 예약 창구는 어디입니까?
1677 **Which window can I reserve a seat at?**
위치 윈도우 캔 아이 리저버 씨랫

☐ 뉴욕까지 편도 2장 주세요.
1678 **A one-way ticket to New York, please.**
어 원 웨이 티킷 투 뉴욕    플리즈

☐ 편도입니까, 왕복입니까?
1679 **One-way or round-trip?**
원 웨이 오어 라운 트립

☐ 로스앤젤레스까지 편도 주세요.
1680 **A single to Los Angles, please.**
어 씽글 투 로스 엔젤레스    플리즈

☐ 일등석입니까, 이등석입니까?
1681 **First or second class?**
휫슷 오어 쎄컨 클래스

☐ 이등석은 얼마입니까?
1682 **How much is a second class ticket?**
하우 마취 이저 쎄컨 클래스 티킷

☐ 더 이른 열차는 있습니까?
1683 **Do you have an earlier train?**
두 유 해번 얼리어 트레인

part 6 통신과 교통

341

# Unit 12　열차를 타기 전에

☐ 어디서 갈아탑니까?
1684
**Where should we change trains?**
웨어 슈드 위 체인지 트레인스

☐ 3번 홈은 어디입니까?
1685
**Where is platform No 3.**
웨어리즈 플랫훰 넘버 쓰리

☐ 파리행 열차는 어디입니까?
1686
**Where's the train for Paris?**
웨어즈 더 트레인 휘 패리스

☐ 이건 마드리드행입니까?
1687
**Is this for Madrid?**
이즈 디스 휘 마드릿

☐ (표를 보여주며) 이 열차 맞습니까?
1688
**Is this my train?**
이즈 디스 마이 트레인

☐ 이 열차는 예정대로 출발합니까?
1689
**Is this train on schedule?**
이즈 디스 트레인 온 스케쥴

1690 ☐ 도중에 하차할 수 있습니까?
**Can I have a stopover?**
캔 아이 해버 스탑오버

1691 ☐ 열차를 놓쳤습니다.
**I missed my train.**
아이 미스트 마이 트레인

# Unit 13  열차 안에서

1692 ☐ 거기는 제 자리입니다.
**That's my seat.**
댓츠 마이 씻

1693 ☐ 이 자리는 비어 있나요(앉아도 될까요)?
**Is this seat taken?**
이즈 디스 씻 테이큰

1694 ☐ 창문을 열어도 되겠습니까?
**May I open the window?**
메아이 오픈 더 윈도우

1695 ☐ 식당차는 어디에 있습니까?
**Where's the dining car?**
웨어즈 더 다이닝 카

1696
(여객전무) 도와 드릴까요?
**May I help you?**
메아이 헬퓨

1697
로마까지 몇 시간입니까?
**How many hours to Rome?**
하우 메니 아워즈 투 롬

1698
(국경을 통과할 때) 여권을 주시겠어요?
**May I see your passport?**
메아이 씨 유어 패스폿

1699
여기는 무슨 역입니까?
**What station is this?**
왓 스테이션 이즈 디스

1700
다음 역은 무슨 역입니까?
**What's the next station?**
왓스 더 넥 스테이션

1701
표를 잃어버렸습니다.
**I lost my ticket.**
아이 로슷 마이 티킷

1702
내릴 역을 지나쳤습니다.
**I missed my station.**
아이 미스트 마이 스테이션

1703 ☐ 이 표는 아직 유효합니까?
**Is this ticket still valid?**
이즈 디스 티킷 스틸 밸리드

## Unit 14 | 국내선 비행기를 이용할 때

1704 ☐ 비행기 예약을 부탁합니다.
**I'd like to reserve a flight.**
아이드 라익 투 리저버 훌라잇

1705 ☐ 내일 로스앤젤레스행 비행기가 있습니까?
**Do you have a flight to Los Angeles?**
두 유 해버 훌라잇 투 로스 엔젤레스

1706 ☐ 일찍 가는 비행기로 부탁합니다.
**I'd like an earlier flight.**
아이드 라이컨 얼리어 훌라잇

1707 ☐ 늦게 가는 비행기로 부탁합니다.
**I'd like a later flight.**
아이드 라이커 래이러 훌라잇

1708 ☐ 출발시간을 확인하고 싶은데요.
**I'd like to make sure of the time it leaves.**
아이드 라익 투 메익 슈어롭 더 타임 잇 리브즈

1709 유나이티드 항공 카운터는 어디입니까?
**Where's the United Airlines counter?**
웨어즈 더 유나이팃 에어라인즈 카운터

1710 지금 체크인할 수 있습니까?
**Can I check in now?**
캔 아이 체킨 나우

1711 항공권은 가지고 계십니까?
**Do you have a ticket?**
두 유 해버 티킷

1712 금연석 통로 쪽으로 부탁합니다.
**An aisle seat in the non-smoking section, please.**
언 아일 씨린 더 난 스모킹 섹션                    플리즈

1713 이 짐은 기내로 가지고 갑니다(휴대용 가방입니다).
**This is a carry-on bag.**
디씨즈 어 캐리 온 백

1714 요금은 어떻게 됩니까?
**What's the fare?**
왓스 더 훼어

1715 몇 번 출구로 나가면 됩니까?
**Which gate should I go to?**
위치 게잇 슈다이 고 투

☐ 이건 샌디에이고행 출구입니까?
1716 **Is this the gate to San Diego?**
이즈 디스 더 게잇 투 샌디에이고

☐ 비행은 예정대로 출발합니까?
1717 **Is the flight on time?**
이즈 더 플라잇 온 타임
*on time 정각에, 정시에

☐ 이 짐을 맡길게요.
1718 **I'll check this baggage.**
알 첵 디스 배기쥐

☐ 탑승이 시작되었나요?
1719 **Has boarding begun?**
해즈 보딩 비건

part 6

347

# Chapter 07 자동차를 운전할 때

렌터카를 빌릴 때는 여권과 국제면허증이 필요합니다. 만일을 대비하여 보험도 잊지 말고 꼭 들어둡시다. 관광시즌에는 한국에서 출발하기 전에 미리 렌터카 회사에 예약을 해두는 게 좋습니다. 신청할 때는 지불보증으로서 신용카드를 요구하는 경우가 많으므로 카드를 준비해둡시다. 미국에서는 스쿨버스가 어린이들의 승하차를 위해 정차하고 있을 때 뒷차는 정차하여 기다려야 합니다. 중앙분리대가 없는 일반도로에서는 맞은편에서 오는 모든 차도 정차해야 합니다. 주차금지 구역에 차를 세우면, 미국에서는 즉각 스티커를 발부하여 렉카가 끌고 가버리고, 유럽에서는 바퀴를 잠가버립니다.

## Unit 1 렌터카를 이용할 때

1720
□ 렌터카 카운터는 어디에 있습니까?
**Where's the rent a car counter?**
웨어즈 더 렌터 카 카운터

1721
□ 예약을 한 사람인데요.
**I have a reservation.**
아이 해버 레저베이션

1722 ☐ 어느 정도 운전할 예정이십니까?
**How long will you need it?**
하우 롱 윌 유 니딧

1723 ☐ 차를 3일간 빌리고 싶습니다.
**I'd like to rent a car for three days.**
아이드 라익 투 렌터 카 훠 쓰리 데이즈

1724 ☐ 이것이 제 국제운전면허증입니다.
**Here's my international driver's license.**
히어즈 마이 인터내셔널 드라이버즈 라인선스

## Unit 2 　차종을 고를 때

1725 ☐ 어떤 차를 가지고 있습니까? (차종을 물을 때)
**What kind of cars do you have?**
왓 카인돕 카즈 두 유 해브

1726 ☐ 렌터카 목록을 보여 주시겠어요?
**Can I see your rent a car list?**
캔 아이 씨 유어 렌터 카 리슷

1727 ☐ 어떤 타입의 차가 좋으시겠습니까?
**What type of car would you like?**
왓 타입 업 카 우쥴 라익

☐ 오토매틱밖에 운전하지 못합니다.
1728  **I can only drive an automatic.**
아이 캔 온리 드라이번 오러매틱

# Unit 3 | 렌터카 요금과 보험

☐ 선불이 필요합니까?
1729  **Do I need a deposit?**
두 아이 니더 디파짓

☐ 보증금은 얼마입니까?
1730  **How much is the deposit?**
하우 마취 이즈 더 디파짓

☐ 1주간 요금은 얼마입니까?
1731  **What's the rate per week?**
왓스 더 레잇 퍼 윅

☐ 특별요금은 있습니까?
1732  **Do you have any special rates?**
두 유 해브 애니 스페셜 레잇스

☐ 그 요금에 보험은 포함되어 있습니까?
1733  **Does the price include insurance?**
더즈 더 프라이스 인클룻 인슈어런스

☐ 종합보험을 들어 주십시오.
1734
**With comprehensive insurance, please.**
위드 캄프리헨시브 인슈어런스　　　　　플리즈

## Unit 4 | 운전하면서 길을 물을 때

☐ 긴급연락처를 알려 주시겠어요?
1735
**Where should I call in case of an emergency?**
웨어 슈다이 콜 인 케이스 어번 이머전시

☐ 도로지도를 주시겠습니까?
1736
**Can I have a road map?**
캔 아이 해버 로드 맵

☐ 샌디에이고는 어느 길로 가면 됩니까?
1737
**Which way to San Diego?**
위치 웨이 투 샌디에이고

☐ 곧장입니까, 아니면 왼쪽입니까?
1738
**Straight? Or to the left?**
스트레잇　　　오어 투 더 렙트

☐ 몬트레이까지 몇 마일입니까?
1739
**How many miles to Monterey?**
하우 메니 마일즈 투 몬터레이

351

☐ 차로 디즈니랜드까지는 어느 정도 걸립니까?
1740 **How far is it to Disneyland by car?**
하우 화 이짓 투 디즈니랜드 바이 카

☐ 가장 가까운 교차로는 어디입니까?
1741 **What's the nearest intersection?**
왓스 더 니어리슷 인터섹션

## Unit 5　자동차 안에서

☐ 안전벨트를 매세요.
1742 **Please fasten your seat belt.**
플리즈 훼슨 유어 씻 벨트

☐ 에어컨 좀 켜 주세요.
1743 **Please turn on the air conditioning.**
플리즈 턴 온 디 에어 컨디셔닝

☐ 문 잠금 장치를 찾을 수 없어요.
1744 **I can't find the door latch.**
아이 캐앤 화인 더 도어 래취

☐ 속도 좀 줄이세요.
1745 **Slow down.**
슬로우 다운

☐ 조심해요!
1746 **Watch out!**
와치 아웃
*Be careful!

☐ 속도 좀 내 주실래요?
1747 **Could you speed up?**
쿠쥬 스피덥

☐ 밤에는 운전을 잘 못합니다.
1748 **I don't drive well at night.**
아이 돈 드라이브 웰 앳 나잇

☐ 길을 잃은 것 같아요.
1749 **I seem to be lost.**
아이 씸 투 비 로슷

☐ 우측 차선으로 가 주세요.
1750 **Get over in the right lane.**
겟 오버린 더 롸잇 레인

☐ 우리가 어디에 있는지 알아요?
1751 **Do you know where we are?**
두 유 노우 웨어 위 아

## Unit 6  주차를 할 때

1752
주차장이 어디에 있습니까?
**Where is your parking lot?**
웨어리즈 유어 파킹 랏

1753
여기에 주차할 수 있습니까?
**Can I park here?**
캔 아이 파크 히어

1754
잠깐이면 됩니다.
**It'll just be a minute.**
이를 저슷 비 어 미닛

1755
시간당 주차료가 얼마입니까?
**How much is it per hour?**
하우 마취 이짓 퍼 아워

1756
주차장이 꽉 찼어요.
**The parking lot is full.**
더 파킹 랏 이즈 풀
*full ↔ vacant 텅 비어 있다

1757
주차할 곳을 못 찾겠어요.
**I can't find a place to park.**
아이 캐앤 화인더 플래이스 투 팍

☐ 차를 뒤로 빼 주시겠어요?
1758
**Would you mind backing up, please?**
우쥬 마인드 백킹 업          플리즈

☐ 어디에 주차하셨어요?
1759
**Where did you park your car?**
웨어 디쥬 팍 유어 카

## Unit 7   주유와 세차를 할 때

☐ 기름은 충분한가요?
1760
**Do you have enough gas?**
두 유 해브 이넙 개스

☐ 이 근처에 주유소가 있는가요?
1761
**Is there a gas station near here?**
이즈 데어러 개 스테이션 니어 히어

☐ 20달러 어치 넣어 주세요.
1762
**Fill her up to 20 dollars.**
휠 허럽 투 투웨니 달러즈

☐ 가득 채워 주세요.
1763
**Top it up.**
타피럽

☐ 세차 좀 해 주세요.
1764 **Wash it down, please.**
워싯 다운　　　　플리즈

☐ 세차를 해 주시겠습니까?
1765 **Would you give the car a wash?**
우쥬 깁 더 카 어 워쉬

| Unit 8 | 자동차가 고장 났을 때 |

☐ 차에 펑크 났어요.
1766 **I have a flat tire.**
아이 해버 플랫 타이어

☐ 시동이 안 걸립니다.
1767 **My car won't start.**
마이 카 원 스탓

☐ 오일이 샙니다.
1768 **The oil is leaking.**
디 오일 이즈 리킹

☐ 차에 배터리가 나갔어요.
1769 **The battery is dead.**
더 배러리 이즈 데드

☐ 전구 하나가 나갔어요.
1770 **One of the bulbs is burned out.**
원 옵 더 벌브스 이즈 번다웃

☐ 차에서 이상한 소리가 납니다.
1771 **My car's making strange noises.**
마이 카즈 메이킹 스트레인지 노이지스

☐ 제 차를 점검해 주시겠어요?
1772 **Could you give my car a check up, please?**
쿠쥬 깁 마이 카 어 첵컵                          플리즈

☐ 지금 고쳐줄 수 있나요?
1773 **Can you fix it right now?**
캔 유 휙싯 롸잇 나우

☐ 엔진오일 좀 봐 주세요.
1774 **Check the oil, please.**
첵 디 오일            플리즈

☐ 타이어 공기압 좀 점검해 주시겠어요?
1775 **Could you check my tire pressure?**
쿠쥬 첵 마이 타이어 프레셔

part 6
통신과 교통

357

# Unit 9　교통위반을 했을 때

☐ 차에서 내리세요.
1776
**Step out of the car, please.**
스텝 아우롭 더 카　　　플리즈

☐ 운전면허증을 보여 주세요.
1777
**I need to see your dirver's license, please.**
아이 니드 투 씨 유어 드라이버스 라이선스　　플리즈

☐ 여기 음주 측정기를 부십시오.
1778
**Please blow into this breath analyzer here.**
플리즈 블로 인투 디스 브래쓰 애너라이저 히어

☐ 선생님, 정지 신호에서 멈추지 않았습니다.
1779
**Sir, you didn't stop for that stop sign.**
써　 유 디든 스탑 훠 댓 스탑 싸인

## part 7

## 여행과 출장

01. 출국 비행기 안에서
02. 공항에 도착해서
03. 호텔을 이용할 때
04. 식당을 이용할 때
05. 관광을 할 때

외국으로의 여행은 그 자체만으로 가슴을 설레게 합니다. 막연하게 아무런 준비 없이 여행이나 출장을 떠나는 것보다는 기본적인 영어 회화를 익혀두어야 함은 물론이고, 또한 여행 계획을 잘 짜두어야 훨씬 안전하고 즐거운 여행을 할 수 있습니다. 따라서 여기서는 여행시 필요한 숙박, 쇼핑, 관광 등에 관한 다양한 표현을 익히도록 하였습니다.

# Chapter 01 출국 비행기 안에서

한국 출발의 항공회사(airline/carrier)의 편(flight)에는 대개 한국인 승무원이 탑승하고 있어서 말이 통하지 않아도 큰 불편은 없습니다. 비행기를 처음 타거나 배정된 좌석을 찾기 힘들 땐 항상 항공사 스튜어디스에게 도움을 청하면 됩니다. 만약 외국비행기에 탑승했을 경우 의사소통이 어렵더라도 좌석권을 스튜어디스에게 보여 주기만 하면 직원들이 알아듣고 서비스를 제공해줍니다. 승무원을 호출할 때 호출버튼을 이용하여 스튜어디스를 호출하면 됩니다.

## Unit 1 좌석을 찾을 때

1780
☐ 제 자리는 어디입니까?
**Where's my seat, please?**
웨어즈 마이 씻    플리즈

1781
☐ 탑승권을 보여 주시겠습니까?
**Would you show me your boarding pass?**
우쥬 쇼 미 유어 보딩 패스

☐ 미안합니다. 지나가도 될까요?
1782
**Excuse me, I'd like to get through.**
익스큐즈 미    아이드 라익 투 겟 쓰루


☐ 여기는 제 자리인데요.
1783
**I think this is my seat.**
아이 씽 디씨즈 마이 씻


☐ 여기에 앉아도 되겠습니까?
1784
**Can I sit here?**
캔 아이 씻 히어

*Is this seat taken?(이 자리는 주인이 있나요?)


☐ (옆 사람에게) 자리를 바꿔 주시겠습니까?
1785
**Could I change seats?**
쿠라이 체인지 씻츠


☐ 자리를 바꾸고 싶습니다.
1786
**I'd like to change seats.**
아이드 라익 투 체인지 씻츠


☐ 저기 빈자리로 옮겨도 되겠습니까?
1787
**Could I move to an empty seat over there?**
쿠라이 무브 투 언 앰티 씻 오버 데어

## Unit 2  기내 서비스를 받을 때

1788
□ 음료는 뭐가 좋겠습니까?
**What would you like to drink?**
왓 우쥴 라익 투 드링

1789
□ 어떤 음료가 있습니까?
**What kind of drinks do you have?**
왓 카인돕 드링스 두 유 해브

1790
□ 콜라는 있습니까?
**Do you have coke?**
두 유 해브 코욱

1791
□ 맥주를 주시겠습니까?
**Can I have a beer?**
캔 아이 해버 비어

1792
□ 베개와 모포를 주세요.
**May I have a pillow and a blanket, please.**
메아이 해버 필로우 앤더 브랭킷         플리즈

1793
□ 한국어 신문은 있습니까?
**Do you have any Korean newspapers?**
두 유 해브 에니 코리언 뉴스페이퍼즈

## Unit 3 | 기내 식사를 할 때

☐ 식사는 언제 나옵니까?
1794 **What time do you serve the meal?**
왓 타임 두 유 써브 더 밀

☐ 소고기와 닭고기가 있는데, 어느 것으로 하시겠습니까?
1795 **Would you like beef or chicken?**
우쥴 라익 비프 오어 취킨

☐ 식사는 필요 없습니다.
1796 **I don't feel like eating dinner.**
아이 돈 휠 라익 이팅 디너

☐ 식사는 다 하셨습니까?
1797 **Are you through with your meal?**
아유 쓰루 위쥬어 밀

## Unit 4 | 입국카드를 작성할 때

☐ 이것은 입국카드입니까?
1798 **Is this the immigration form?**
이즈 디스 더 이미그레이션 휨

☐ 이 서류 작성법을 가르쳐 주시겠어요?
1799
**Could you tell me how to fill in this form?**
쿠쥬 텔 미 하우 투 휠 인 디스 훰

| Unit 5 | 기내 면세품을 구입할 때 |

☐ 기내에서 면세품을 판매합니까?
1800
**Do you sell tax-free goods on the flight?**
두 유 셀 텍스후리 굿즈 온 더 훌라잇

☐ 어떤 담배가 있습니까?
1801
**What cigarettes do you have?**
왓 시거렛츠 두 유 해브

☐ (면세품 사진을 가리키며) 이것은 있습니까?
1802
**Do you have this?**
두 유 해브 디스

☐ 한국 돈은 받습니까?
1803
**Do you accept Korean Won?**
두 유 억셉 코리언 원

## Unit 6　몸이 불편할 때

☐ 비행기 멀미약은 있습니까?
1804　**Do you have medicine for air-sickness?**
두 유 해브 메더슨 훠 에어씩니스

☐ 몸이 좀 불편합니다. 약을 주시겠어요?
1805　**I feel a little sick. Can I have some medicine?**
아이 휘러 리를 씩　　　캔 아이 해브 썸 메더슨

☐ 비행은 예정대로입니까?
1806　**Is this flight on schedule?**
이즈 디스 훌라잇 온 스케쥴

☐ 현지시간으로 지금 몇 시입니까?
1807　**What is the local time?**
와리즈 더 로컬 타임

## Unit 7　통과 · 환승할 때

☐ 이 공항에서 어느 정도 머뭅니까?
1808　**How long will we stop here?**
하우 롱 윌 위 스탑 히어

1809 ☐ 환승 카운터는 어디입니까?
**Where's the transfer counter?**
웨어즈 더 트랜스휠 카운터

1810 ☐ 탑승수속은 어디서 하면 됩니까?
**Where do I check in?**
웨어 두 아이 체킨
*check in은 숙박이나 공항 등의 수속을 의미한다.

1811 ☐ 환승까지 시간은 어느 정도 있습니까?
**How long is the layover?**
하우 롱 이즈 더 레이오버

1812 ☐ 탑승은 몇 시부터 시작합니까?
**When do we board?**
웬 두 위 보드

# Chapter 02 공항에 도착해서

목적지 공항에 도착하면 먼저 ARRIVAL, TO THE CITY 또는 ENTRY 등의 표시를 따라 Immigration 또는 Passport Control을 향해서 가면 입국심사 카운터에 도착합니다. 기내에서 작성한 입국카드와 여권을 심사관에게 보입니다. 질문과 응답은 대부분 정해져 있으므로 성실하게 대답하면 됩니다. 입국심사가 끝나면 BAGGAGE CLAIM의 표시를 따라서 갑니다. 타고 온 항공사와 편명이 표시된 가방이나 물건이 턴테이블로 나오므로 그 주위에서 기다렸다 찾으면 됩니다. 짐을 찾으면 CUSTOMS의 표시를 따라 세관으로 가서 여권과 세관신고서를 담당에게 보여 주고 통과를 기다리면 됩니다.

## Unit 1 입국수속을 밟을 때

□ 여권을 보여 주시겠습니까?
**(May I see) Your passport, please?**
(메아이 씨) 유어 패스폿    플리즈

1814 입국 목적은 무엇입니까?
**What's the purpose of your visit?**
왓츠 더 퍼포즈 어뷰어 비짓
*business(사업), vacation(휴가), studying(공부), sightseeing(관광), conference(회의)

1815 얼마나 체재하십니까? (체류 기간)
**How long are you staying?**
하우 롱 아유 스테잉

1816 어디에 머무십니까?
**Where are you staying?**
웨어 라유 스테잉

1817 ○○호텔에 머뭅니다.
**I'll stay at the ○○ Hotel.**
알 스테이 앳 더 ○○호텔

1818 (메모를 보이며) 숙박처는 이 호텔입니다.
**I'll stay at this hotel.**
알 스테이 앳 디스 호텔

1819 (호텔은) 아직 정하지 않았습니다.
**I don't know which one.**
아이 돈 노우 위치 원

1820 돌아가는 항공권은 가지고 계십니까?
**Do you have a return ticket?**
두 유 해버 리턴 티킷

1821 단체여행입니까?
**Are you a member of a group tour?**
아 유어 멤버러버 그룹 투어

1822 현금은 얼마나 가지고 있습니까?
**How much cash do you have with you?**
하우 마취 캐쉬 두 유 햅 위쥬

1823 이 나라는 처음입니까?
**Is this your first visit(here)?**
이즈 디스 유어 휘숫 비짓(히어)

## Unit 2  짐을 찾을 때

1824 짐은 어디서 찾습니까?
**Where can I get my baggage?**
웨어 캔 아이 겟 마이 배기쥐

1825 여기가 714편 짐 찾는 곳입니까?
**Is this the baggage conveyer for flight 714?**
이즈 디스 더 배기쥐 컨베이어 휘 훌라잇 세븐 원 휘

**1826** 714편 짐은 나왔습니까?
**Has baggage from flight 714 arrived?**
해즈 배기쥐 후럼 훌라잇 세븐 원 훠 어라이브드

**1827** 제 짐이 보이지 않습니다.
**I can't find my baggage.**
아이 캐앤 화인 마이 배기쥐

**1828** 이게 수화물인환증입니다.
**Here is my claim tag.**
히어리즈 마이 클레임 택

**1829** 찾으면 제 호텔로 연락 주세요.
**Please deliver it to my hotel when you find it.**
플리즈 딜리버 잇 투 마이 호텔 웬뉴 화인딧

**1830** 당장 보상해 주세요.
**Will you pay for me for a few days?**
윌 유 페이 훠 미 훠 어 휴 데이즈

## Unit 3 　세관을 통과할 때

**1831** 여권과 신고서를 보여 주십시오.
**Your passport and declaration card, please.**
유어 패스폿 앤 데클러레이션 카드　　　　　　　플리즈

370

**1832** 신고할 것은 있습니까?
**Do you have anything to declare?**
두 유 해브 에니씽 투 디클레어

**1833** 일용품뿐입니다.
**I only have personal belongings.**
아이 온리 해브 퍼스널 비롱잉스

**1834** 이 가방을 열어 주십시오.
**Please open this bag.**
플리즈 오픈 디스 백

**1835** 내용물은 무엇입니까?
**What's in it?**
왓츠 이닛

**1836** 이건 뭡니까?
**What's this?**
왓츠 디스

**1837** 다른 짐은 있나요?
**Do you have any other baggage?**
두 유 해브 에니 아더 배기쥐

**1838** 이건 과세 대상이 됩니다.
**You have to pay duty on it.**
유 해브 투 페이 듀리 오닛

## Unit 4  공항의 관광안내소에서

☐ 관광안내소는 어디에 있습니까?
1839
**Where is the tourist information center?**
웨어리즈 더 투어리슷 인풔메이션 센터

☐ 시가지도와 관광 팸플릿을 주시겠어요?
1840
**Can I have a city map and tourist brochure?**
캔 아이 해버 씨티 맵 앤 투어리슷 브로슈어

☐ 매표소는 어디에 있습니까?
1841
**Where is the ticket office?**
웨어리즈 더 티킷 오휘스

☐ 출구는 어디입니까?
1842
**Where is the exit?**
웨어리즈 더 엑싯

☐ 여기서 호텔을 예약할 수 있나요?
1843
**Can I make a hotel reservation here?**
캔 아이 메이커 호텔 레저베이션 히어

☐ 호텔 리스트는 있습니까?
1844
**Do you have a hotel list?**
두 유 해버 호텔 리슷

☐ 여기서 렌터카를 예약할 수 있습니까?
1845 **Can I reserve a rental car here?**
캔 아이 리저버 렌틀 카 히어

## Unit 5 | 포터를 이용할 때

☐ 포터를 불러 주세요.
1846 **Please get me a porter.**
플리즈 겟 미 어 포터

☐ 이 짐을 버스정류소까지 옮겨 주세요.
1847 **Please take this baggage to the bus stop.**
플리즈 테익 디스 배기쥐 투 더 버 스탑

☐ 카트는 어디에 있습니까?
1848 **Where are the baggage carts?**
웨어라 더 배기쥐 카츠

☐ 짐을 호텔로 보내 주세요.
1849 **Please deliver the baggage to my hotel.**
플리즈 딜리버 더 배기쥐 투 마이 호텔

# Chapter 03 호텔을 이용할 때

호텔을 현지에서 찾을 때는 공항이나 시내의 관광안내소(Tourist Information)에서 물어보도록 합시다. 예약을 해주는 곳도 있기는 하지만, 우선 가능하면 한국에서 출발하기 전에 예약을 해두는 것이 좋습니다. 예약할 때는 요금, 입지, 치안 등을 고려해서 정하도록 합시다. 호텔의 체크인 시각은 보통 오후 2시부터입니다. 호텔 도착 시간이 오후 6시를 넘을 때는 예약이 취소되는 경우도 있으므로 늦을 경우에는 호텔에 도착시간을 전화로 알려두는 것이 좋습니다. 방의 형태, 설비, 요금, 체재 예정 등을 체크인 할 때 확인하도록 합시다.

## Unit 1 호텔을 찾을 때

☐ 여기서 호텔 예약할 수 있습니까?
1850
**Can I make a reservation here?**
캔 아이 메이커 레저베이션 히어

☐ 역까지 데리러 오시겠습니까?
1851
**Could you pick me up at the station?**
쿠쥬 픽 미 업 앳 더 스테이션

☐ 공항까지 데리러 오시겠습니까?
1852 **Could you pick me up at the airport?**
쿠쥬 픽 미 업 앳 디 에어폿

☐ 그 호텔은 어디에 있습니까?
1853 **Where is the hotel located?**
웨어리즈 더 호텔 로케이티드

☐ 다른 호텔을 소개해 주십시오.
1854 **Could you tell me where another hotel is?**
쿠쥬 텔 미 웨어 어나더 호텔 이즈

## Unit 2 | 전화로 호텔을 예약할 때

☐ 예약을 하고 싶은데요.
1855 **I'd like to make a reservation.**
아이드 라익 투 메이커 레저베이션

☐ 오늘 밤, 빈방 있습니까?
1856 **Do you have any vacancies tonight?**
두 유 해버니 베이컨시즈 투나잇

☐ 숙박요금은 얼마입니까?
1857 **How much is the room charge?**
하우 마취 이즈 더 룸 챠지

☐ 1박에 얼마입니까?
1858
**How much for one night?**
하우 마취 훠 원 나잇

☐ 요금에 조식은 포함되어 있나요?
1859
**Does the room charge include breakfast?**
더즈 더 룸 챠지 인클루드 블렉훠숏

☐ 봉사료와 세금은 포함되어 있습니까?
1860
**Does it include service charge and tax?**
더짓 인클루드 써비스 챠지 앤 택스

☐ 더 싼 방은 없습니까?
1861
**Don't you have a cheaper room?**
돈츄 해버 칩퍼 룸

☐ 몇 박을 묵을 겁니까?
1862
**How long would you like to stay?**
하우 롱 우쥬 라익 투 스테이

☐ 더블 룸으로 부탁합니다.
1863
**A double room, please.**
어 더블 룸        플리즈

☐ 욕실이 있는 방으로 부탁합니다.
1864
**I'd like a room with a bath.**
아이드 라이커 룸 위더 배쓰

376

☐ 예약을 취소하고 싶습니다.
1865 **Please cancel my reservation.**
플리즈 캔쓸 마이 레저베이션

## Unit 3  체크인할 때

☐ 안녕하십니까? 무엇을 도와 드릴까요?
1866 **Good evening. May I help you?**
굿 이브닝          메아이 헬퓨

☐ 예약은 하셨습니까?
1867 **Did you have a reservation?**
디쥬 해버 레저베이션

☐ 확인서는 여기 있습니다.
1868 **Here is my confirmation slip.**
히어리즈 마이 컨훠메이션 슬립

☐ 예약은 한국에서 했습니다.
1869 **I made one from Korea.**
아이 메이드 원 후럼 코리어

☐ 아직 예약을 하지 않았습니다.
1870 **I haven't made a reservation.**
아이 해븐 메이더 레저베이션

377

☐ 성함을 말씀하십시오.
1871
**May I have your name?**
메아이 해뷰어 네임
*What's your name?

☐ 숙박 쿠폰을 가지고 있습니다.
1872
**I have a travel agency coupon.**
아이 해버 트래블 에이전시 쿠펀

☐ 숙박카드에 기입해 주십시오.
1873
**Please fill out the registration card.**
플리즈 휠 아웃 더 레지스트레이션 카드
*fill out 작성하다

☐ 이게 방 열쇠입니다.
1874
**Here is your room key.**
히어리즈 유어 룸 키

☐ 귀중품을 보관해 주시겠어요?
1875
**Can you keep my valuables?**
캔 유 킵 마이 밸류어블즈

## Unit 4  방을 확인할 때

☐ 방을 보여 주세요.
1876 **May I see the room?**
메아이 씨 더 룸

☐ 좀더 좋은 방은 없습니까?
1877 **Do you have anything better?**
두 유 해브 에니씽 배러

☐ 좀더 큰 방으로 바꿔 주시겠어요?
1878 **Could you give me a larger room?**
쿠쥬 깁 미 어 라저 룸

☐ 조용한 방으로 부탁합니다.
1879 **I'd like a quiet room.**
아이드 라이커 콰이엇 룸

☐ 전망이 좋은 방으로 부탁합니다.
1880 **I'd like a room with a nice view.**
아이드 라이커 룸 위더 나이스 뷰

☐ 이 방으로 하겠습니다.
1881 **I'll take this room.**
알 테익 디스 룸

☐ 벨보이가 방으로 안내하겠습니다.
1882
**The bellboy will show you your room.**
더 벨보이 윌 쇼 유 유어 룸

☐ 짐을 방까지 옮겨 주겠어요?
1883
**Could you bring my baggage?**
쿠쥬 브링 마이 배기쥐

☐ 여기가 손님방입니다.
1884
**This is your room.**
디씨즈 유어 룸

# Unit 5 체크인 트러블

☐ (늦을 경우) 8시에 도착할 것 같습니다.
1885
**I'll arrive at your hotel at eight.**
알 어라입 앳 유어 호텔 앳 에잇

☐ 예약을 취소하지 마세요.
1886
**Please don't cancel my reservation.**
플리즈 돈 캔쓸 마이 레저베이션

☐ (예약되어 있지 않을 때) 다시 한번 제 예약을 확인해 주십시오.
1887
**Check my reservation again, please.**
첵 마이 레저베이션 어게인             플리즈

☐ 방을 취소하지 않았습니다.
1888 **I didn't cancel the room.**
아이 디든 캔쓸 더 룸

☐ 다른 호텔을 찾으시겠습니까?
1889 **Would you refer me to another hotel?**
우쥬 리풔 미 투 어나더 호텔

# Unit 6 　 룸서비스

☐ 룸서비스를 부탁합니다.
1890 **Room service, please.**
룸 써비스　　플리즈

☐ 여기는 1234호실입니다.
1891 **This is Room 1234.**
디씨즈 룸 트웰브 써리 풔

☐ 룸서비스입니다. 무엇을 도와 드릴까요?
1892 **Room service. Can I help you?**
룸 써비스　　캔 아이 헬퓨

☐ 어느 정도 시간이 걸립니까?
1893 **How long will it take?**
하우 롱 윌 잇 테익

☐ 뜨거운 물을 가져오세요.
1894
**Would you bring me boiling water?**
우쥬 브링 미 보일링 워러

☐ (노크하면서) 누구십니까?
1895
**Who is it?**
후 이짓
*Who's this? / Who's there?

☐ 잠시 기다리세요.
1896
**Just a moment, please.**
저스터 모먼    플리즈

☐ 들어오세요.
1897
**Please, come in.**
플리즈    커민

☐ 내일 아침 5시에 모닝콜을 부탁합니다.
1898
**I would like a wake-up call at 5 in the morning.**
아이 우드 라이커 웨이컵 콜 앳 화이브 인 더 모닝


| Unit 7 | 외출과 호텔 시설을 이용할 때 |

☐ 저한테 온 메시지는 있습니까?
1899
**Do you have any messages for me?**
두 유 해버니 메시지즈 풔 미

1900 오늘 밤 늦게 돌아올 예정입니다.
**I'll be back late tonight.**
알 비 백 레잇 투나잇

1901 자판기는 있습니까?
**Is there a vending machine?**
이즈 데어러 밴딩 머쉰

1902 식당은 어디에 있습니까?
**Where is the dining room?**
웨어리즈 더 다이닝 룸

1903 식당은 몇 시까지 합니까?
**How late is the dining room open?**
하우 레이티즈 더 다이닝 룸 오픈

1904 이 호텔에 테니스코트는 있습니까?
**Is there a tennis court at this hotel?**
이즈 데어러 테니스 콧 앳 디스 호텔

1905 커피숍은 어디에 있습니까?
**Where's the coffee shop?**
웨어즈 더 커휘 샵

1906 바는 언제까지 합니까?
**How late is the bar room open?**
하우 레이티즈 더 바 룸 오픈

☐ 여기서 이 편지들을 부칠 수 있나요?
1907 **Can I mail these letters here?**
캔 아이 메일 디즈 레터스 히어

☐ 이메일을 체크하고 싶은데요.
1908 **I want to check my e-mail.**
아이 원 투 첵 마이 이메일

☐ 팩스는 있습니까?
1909 **Do you have a fax machine?**
두 유 해버 훽스 머신

☐ 여기서 관광버스표를 살 수 있습니까?
1910 **Can I get a ticket for the sightseeing bus here?**
캔 아이 게러 티킷 훠 더 싸잇씽 버스 히어

☐ 계산은 방으로 해 주세요. (나중에 정산한다는 뜻)
1911 **Will you charge it to my room?**
윌 유 챠지 잇 투 마이 룸

| Unit 8 | 호텔 이용에 관한 트러블 |

☐ 열쇠가 잠겨 방에 들어갈 수 없습니다.
1912 **I locked myself out.**
아이 락트 마이셀흐 아웃

**1913** 방에 열쇠를 둔 채 잠가 버렸습니다.
**I've locked my key in my room.**
아이브 락트 마이 키 인 마이 룸

**1914** 방 번호를 잊어버렸습니다.
**I forgot my room number.**
아이 훠갓 마이 룸 넘버

**1915** 옆방이 무척 시끄럽습니다.
**The next room is very noisy.**
더 넥슷 룸 이즈 베리 노이지

**1916** 복도에 이상한 사람이 있습니다.
**There is a strange person in the corridor.**
데어리저 스트레인쥐 퍼슨 인 더 코리더

**1917** 다른 방으로 바꿔 주시겠어요?
**Could you give me a different room?**
쿠쥬 깁 미 어 디훠런 룸

**1918** 사람 좀 올려 보내 주시겠어요?
**Can you send someone up?**
캔 유 센드 썸원 업

**1919** 뜨거운 물이 나오지 않는데요.
**There's no hot water.**
데어즈 노 핫 워러

☐ 지금 고쳐주세요.
1920
**Could you fix it now?**
쿠쥬 휙싯 나우

☐ 화장실 물이 흐르지 않습니다.
1921
**The toilet doesn't flush.**
더 토일릿 더즌 훌러쉬

☐ 방이 아직 청소되어 있지 않습니다.
1922
**My room hasn't been cleaned yet.**
마이 룸 해즌 빈 클린드 옛

☐ 미니바(방 냉장고)가 비어 있습니다.
1923
**The mini-bar is empty.**
더 미니 바 이즈 엠티

☐ 타월을 바꿔 주세요.
1924
**Can I get a new towel?**
캔 아이 게러 뉴 타월

| Unit 9 | 체크아웃을 준비할 때 |

☐ 체크아웃은 몇 시입니까?
1925
**When is check out time?**
웨니즈 체카웃 타임

☐ 몇 시에 떠날 겁니까?
1926 **What time are you leaving?**
왓 타임 아유 리빙

☐ 하룻밤 더 묵고 싶은데요.
1927 **I'd like to stay one more night.**
아이드 라익 투 스테이 원 모어 나잇

☐ 하루 일찍 떠나고 싶은데요.
1928 **I'd like to leave one day earlier.**
아이드 라익 투 리브 원 데이 얼리어

☐ 오후까지 방을 쓸 수 있나요?
1929 **May I use the room till this afternoon?**
메아이 유즈 더 룸 틸 디스 앱터눈

☐ 오전 10시에 택시를 불러 주세요.
1930 **Please call a taxi for me at 10 a.m.**
플리즈 코러 택시 훠 미 앳 텐 에이엠

## Unit 10  체크아웃할 때

☐ 체크아웃을 하고 싶은데요.
1931 **Check out, please.**
체카웃    플리즈

☐ 홍씨이군요. 열쇠를 주시겠습니까?
1932
**Mr. Hong? May I have the key?**
미스터 홍    메 아이 햅 더 키

☐ 포터를 보내 주세요.
1933
**A porter, please.**
어 포터    플리즈

☐ 맡긴 귀중품을 꺼내 주세요.
1934
**I'd like my valuables from the safe.**
아이드 라익 마이 밸류어블즈 후럼 더 세입

☐ 출발할 때까지 짐을 맡아 주시겠어요?
1935
**Could you keep my baggage until my departure time?**
쿠쥬 킵 마이 배기쥐 언틸 마이 디파춰 타임

| Unit 11 | 계산을 할 때 |

☐ 방에 물건을 두고 나왔습니다.
1936
**I left something in my room.**
아이 렙트 썸씽 인 마이 룸

☐ 계산을 부탁합니다.
1937
**My bill, please.**
마이 빌    플리즈

☐ 신용카드도 됩니까?
1938
**Do you accept credit cards?**
두 유 억셉트 크레딧 카즈

☐ 여행자수표도 받습니까?
1939
**Do you accept traveler's checks?**
두 유 억셉 트래블러즈 첵스

☐ 현금으로 지불하시겠습니까, 카드로 지불하시겠습니까?
1940
**Cash or credit card?**
캐쉬 오어 크레딧 카드

☐ 전부 포함된 겁니까?
1941
**Is everything included?**
이즈 에브리씽 인클루디드

☐ 계산이 틀린 것 같은데요.
1942
**I think there is a mistake on this bill.**
아이 씽 데어리즈 어 미스테익 온 디스 빌

☐ 고맙습니다. 즐겁게 보냈습니다.
1943
**Thank you. I enjoyed my stay.**
땡큐  아이 인조이드 마이 스테이

# Chapter 04 식당을 이용할 때

시내의 관광안내소나 호텔의 인포메이션에서는 가고 싶은 레스토랑 가이드를 받을 수 있습니다. 보통 이상의 레스토랑에서 식사를 할 경우 예약을 하고 가야 하며, 복장도 신경을 쓰는 게 좋습니다. 또한 현지인에게 인기가 있는 레스토랑은 가격도 적당하고 맛있는 가게가 많습니다. 레스토랑에 도착하면 입구에서 예약한 경우에는 이름을 말하고 안내를 기다리며, 테이블 세팅이 될 때까지 기다릴 경우에는 웨이팅 바에서 술을 마시면서 기다리는 것도 좋습니다. 의자에 앉을 때는 여성이 안쪽으로 앉도록 하고 테이블에 앉은 후에는 디저트가 나올 때까지 담배는 삼가는 것이 에티켓입니다.

## Unit 1 식당을 찾을 때

□ 어디서 먹고 싶으세요?
1944
**Where would you like to eat?**
웨어 우쥴 라익 투 잇

□ 이 근처에 맛있게 하는 음식점은 없습니까?
1945
**Is there a good restaurant around here?**
이즈 데어러 굿 레스터런 어롸운 히어

☐ 이곳에 한국 식당은 있습니까?
**Do you have a Korean restaurant?**
두 유 해버 코리언 레스터런

☐ 가볍게 식사를 하고 싶은데요.
**I'd like to have a light meal.**
아이드 라익 투 해버 라잇 밀

☐ 이 시간에 문을 연 가게는 있습니까?
**Is there a restaurant open at this time?**
이즈 데어러 레스터런 오픈 앳 디스 타임

☐ (책을 보이며) 이 가게는 어디에 있습니까?
**Where is this restaurant?**
웨어리즈 디스 레스터런

☐ 식당이 많은 곳은 어디입니까?
**Where is the main area for restaurants?**
웨어리즈 더 메인 에어리어 훠 레스터런츠

☐ 어디 특별히 정해 둔 식당이라도 있으세요?
**Did you have a particular place in mind?**
디쥬 해버 퍼티큘러 플레이스 인 마인드
*in mind 평소에 생각해 둔

# Unit 2  식당을 예약할 때

☐ 예약이 필요한가요?
1952
**Do we need a reservation?**
두 위 니더 레저베이션

☐ 그 레스토랑을 예약해 주세요.
1953
**Make a reservation for the restaurant, please.**
메이커 레저베이션 훠 더 레스터런                    플리즈

☐ 여기서 예약할 수 있나요?
1954
**Can we make a reservation here?**
캔 위 메이커 레저베이션 히어

☐ (주인) 손님은 몇 분이십니까?
1955
**How large is your party?**
하우 라쥐 이쥬어 파리

☐ 성함이 어떻게 되시죠?
1956
**May I have your name, please?**
메아이 해뷰어 네임                    플리즈

☐ 거기는 어떻게 갑니까?
1957
**How can I get there?**
하우 캔 아이 겟 데어

☐ (주인) 몇 시라면 좋으시겠습니까?
**What times are available?**
왓 타임즈 아 어벨러블

☐ 전원 같은 자리로 해주세요.
**We'd like to have a table together.**
위드 라익 투 해버 테이블 투게더

☐ 금연(흡연)석으로 부탁합니다.
**We'd like a non-smoking(smoking) table.**
위드 라이커 난-스모킹(스모킹) 테이블

## Unit 3  식당에 들어설 때

☐ 몇 분이십니까?
**How many of you, sir?**
하우 메니 어뷰         써

☐ 예약은 하지 않았습니다.
**I don't have a reservation.**
아이 돈 해버 레저베이션

☐ 금연석을 부탁합니다.
**Non-smoking section, please.**
난 스모킹 섹션         플리즈

☐ 지금 자리가 다 찼는데요.
1964
**No tables are available now.**
노 테이블즈 아 어벨어러블 나우

# Unit 4  음식을 주문받을 때

☐ 주문을 받아도 될까요?
1965
**Are you ready to order?**
아유 뤠디 투 오더

☐ 요리는 어떻게 익혀 드릴까요?
1966
**How would you like it?**
하우 우쥬 라이킷
*rare 설익은, medium 중간의, well-done 잘 익은

☐ 마실 것은 무엇으로 하시겠습니까?
1967
**What would you like to drink?**
왓 우쥬 라익 투 드링

☐ 다른 주문은 없습니까?
1968
**Anything else?**
에니씽 앨스

☐ 디저트는 어떻게 하시겠습니까?
1969
**What would you like to have for dessert?**
왓 우쥬 라익 투 해브 풔 디젓

# Unit 5 | 음식을 주문할 때

☐ 메뉴 좀 볼 수 있을까요?
1970
**Can I see the menu, please?**
캔 아이 씨 더 메뉴　　　플리즈
*간단하게 Menu, please?라고 해도 된다.


☐ 주문을 하고 싶은데요.
1971
**We are ready to order.**
위 아 뤠디 투 오더


☐ 이걸 부탁합니다.
1972
**I'll take this one.**
알 테익 디스 원
*Are you ready to order? 주문하시겠어요? (웨이터가 주문을 받을 때)


☐ (메뉴를 가리키며) 이것과 이것으로 주세요.
1973
**This and this, please.**
디스 앤 디스　　　플리즈


☐ 무엇이 빨리 됩니까?
1974
**What can you serve quickly?**
왓 캔 유 써브 퀴클리


☐ 이건 어떤 맛입니까?
1975
**What's the taste?**
왓츠 더 테이슷

☐ 무엇을 주문해야 할지 모르겠군요.
1976 **I still don't know what to order.**
아이 스틸 돈 노우 왓 투 오더

☐ 오늘의 특별 요리는 뭐죠?
1977 **What's today's special menu?**
왓츠 투데이즈 스페셜 메뉴

☐ 이곳의 전문 요리는 뭐죠?
1978 **What's good here?**
왓츠 굿 히어

☐ 잠시 후에 주문을 받으시겠습니까?
1979 **Could you take our orders a little later?**
쿠쥬 테이카워 오더저 리를 래이러

☐ 저 사람이 먹고 있는 건 뭡니까?
1980 **What's that person having?**
왓츠 댓 퍼슨 해빙

## Unit 6 먹는 법과 재료를 물을 때

☐ 이걸 먹는 법 좀 가르쳐 주시겠어요?
1981 **Could you tell me how to eat this?**
쿠쥬 텔 미 하우 투 잇 디스

□ 이건 어떻게 먹으면 됩니까?
1982
**How do I eat this?**
하우 두 아이 잇 디스

□ 이 고기는 무엇입니까?
1983
**What kind of meat is this?**
왓 카인돕 밋티즈 디스

□ 이것은 무슨 재료를 사용한 겁니까?
1984
**What are the ingredients for this?**
와라디 인그리디언츠 훠 디스

## Unit 7 | 필요한 것을 부탁할 때

□ 빵을 좀더 주세요.
1985
**Can I have more bread?**
캔 아이 햅 모어 브레드

□ 디저트 메뉴는 있습니까?
1986
**Do you have a dessert menu?**
두 유 해버 디젓 메뉴

□ 물 한 잔 주세요.
1987
**I'd like a glass of water, please.**
아이드 라이커 글래쓥 워러    플리즈

☐ 소금 좀 갖다 주시겠어요?
1988
**Could I have some salt, please?**
쿠라이 해브 썸 쏠트　　　　　플리즈

☐ 나이프(포크)를 떨어뜨렸습니다.
1989
**I dropped my knife(fork).**
아이 드랍트 마이 나이흐(훠크)

☐ ~을 추가로 부탁합니다.
1990
**I'd like to order some more~.**
아이드 라익 투 오더 썸 모어 ~

## Unit 8　주문에 문제가 있을 때

☐ 아직 시간이 많이 걸립니까?
1991
**Will it take much longer?**
윌릿 테익 마취 롱거

☐ 주문한 음식이 아직 안 나왔습니다.
1992
**My order hasn't come yet.**
마이 오더 해즌 컴 옛

☐ 주문한 것 어떻게 된 거죠?
1993
**What happened to my order?**
왓 해펀드 투 마이 오더

☐ 서비스가 늦군요.
1994 **The service is slow.**
더 써비스 이즈 슬로우

☐ 이건 주문하지 않았습니다.
1995 **I didn't order this.**
아이 디든 오더 디스

## Unit 9 | 음식에 문제가 있을 때

☐ 다시 가져다 주시겠어요?
1996 **Could you take it back, please?**
쿠쥬 테이킷 백　　　　　　플리즈

☐ 수프에 뭐가 들어있어요.
1997 **There's something in the soup.**
데어즈 썸씽 인 더 숩

☐ 음식에 이상한 것이 들어 있어요.
1998 **There is something strange in my food.**
데어리즈 썸씽 스트레인지 인 마이 푸드

☐ 이 고기는 충분히 익지 않았는데요.
1999 **I'm afraid this meat is not done enough.**
암 어후레이드 디스 밋 이즈 낫 던 이넢

☐ 좀 더 구워 주시겠어요?
2000
**Could I have it broiled a little more?**
쿠라이 해빗 브로일더 리를 모어

☐ 이 우유 맛이 이상합니다.
2001
**This milk tastes funny.**
디스 밀크 테이스츠 훠니

☐ 이 음식이 상한 것 같아요.
2002
**I'm afraid this food is stale.**
암 어후레이드 디스 푸드 이즈 스테일

☐ 글라스가 더럽습니다.
2003
**The glass isn't clean.**
더 글래스 이즌 클린

| Unit 10 | 주문을 바꾸거나 취소할 때 |

☐ 다른 것으로 바꿔 주세요.
2004
**Please change this for a new one.**
플리즈 체인지 디스 훠러 뉴 원

☐ 주문을 바꿔도 될까요?
2005
**Can I change my order?**
캔 아이 체인지 마이 오더

2006 주문을 취소하고 싶은데요.
**I want to cancel my order.**
아 원 투 캔쓸 마이 오더

2007 주문을 바꿔도 되겠습니까?
**Can I change my order?**
캔 아이 체인지 마이 오더

# Unit 11  식사를 마칠 때

2008 다른 것을 더 드시겠습니까?
**Will you have something else?**
윌 유 해브 썸씽 엘스

2009 그밖에 다른 것은요?
**Anything else?**
에니씽 엘스

2010 치즈 좀 더 주시겠어요?
**Could I have a little more cheese, please?**
쿠라이 해버 리를 모어 치즈      플리즈

2011 식탁 좀 치워 주시겠어요?
**Could you please clear the table?**
쿠쥬 플리즈 크리어 더 테이블

☐ 테이블 위에 물 좀 닦아 주세요.
2012 **Wipe the water off the table, please.**
와입 더 워러 오프 더 테이블　　　　　플리즈

☐ 이 접시들 좀 치워 주시겠어요?
2013 **Would you take the dishes away?**
우쥬 테익 더 디쉬즈 어웨이

☐ 물 좀 더 주시겠어요?
2014 **May I have more water?**
메아이 해브 모어 워러

| Unit 12 | 디저트를 주문할 때 |

☐ 디저트를 주세요.
2015 **I'd like a dessert, please.**
아이드 라이커 디젓　　　　플리즈

☐ 디저트는 뭐가 있나요?
2016 **What do you have for dessert?**
왓 두 유 햅 풔 디젓

☐ 지금 디저트를 주문하시겠습니까?
2017 **Would you like to order some dessert now?**
우줄 라익 투 오더 썸 디젓 나우

☐ 커피만 주세요.
2018 **Just coffee, please.**
저슷 코휘        플리즈


## Unit 13 　식비를 계산할 때

☐ 계산서를 부탁합니다.
2019 **Check, please.**
첵        플리즈

☐ 지금 지불할까요?
2020 **Do I pay you now?**
두 아이 페이 유 나우

☐ 각자 계산하기로 합시다.
2021 **Let's go Dutch, shall we?**
렛츠 고 더치        쉘 위

☐ 이번에는 내가 사죠.
2022 **Let me treat you this time.**
렛 미 트릿 유 디스 타임

☐ 따로따로 지불을 하고 싶은데요.
2023 **Separate checks, please.**
쎄퍼레잇 첵스        플리즈

☐ 봉사료는 포함되어 있습니까?
2024 **Isn't it including the service charge?**
이즌팃 인클루딩 더 써비스 챠지

☐ 청구서에 잘못 된 것이 있습니다.
2025 **There's a mistake in the bill.**
데어저 미스테익 인 더 빌

☐ 이건 주문하지 않았습니다.
2026 **I didn't order this.**
아이 디든 오더 디스

## Unit 14 | 패스트푸드점에서

☐ 이 근처에 패스트푸드점은 있습니까?
2027 **Is there a fastfood store around here?**
이즈 데어러 훼슷후드 스토어 어롼운 히어

☐ 주문하시겠어요?
2028 **May I take your order?**
메아이 테이큐어 오더

☐ 2번 세트로 주세요.
2029 **I'll take the number two combo.**
알 테익 더 넘버 투 콤보

☐ 어느 사이즈로 하시겠습니까?
2030 **Which size would you like?**
위치 싸이즈 우쥴 라익

☐ 마실 것은요?
2031 **Something to drink?**
썸씽 투 드링

☐ 여기서 드실 건가요, 가지고 가실 건가요?
2032 **For here or to go?**
훠 히어 오어 투 고

☐ 가지고 갈 거예요.
2033 **To go(Take out), please.**
투 고(테이카웃)   플리즈

☐ 이 자리에 앉아도 되겠습니까?
2034 **Can I sit here?**
캔 아이 씻 히어

# Chapter 05 관광을 할 때

관광의 첫걸음은 관광안내소에서 시작됩니다. 대부분이 시내의 중심부에 있는 볼거리 소개부터 버스 예약까지 여러 가지 서비스를 제공하고 있습니다. 미국에서는 ?, 유럽에서는 i로 표시되어 있습니다. 무료의 시내지도, 지하철, 버스 노선도 등이 구비되어 있는 경우가 많으므로 정보 수집에 편리합니다. 미술관이나 박물관은 휴관일을 확인하고 나서 스케줄을 잡읍시다. 요일에 따라서 개관을 연장하거나 할인요금이나 입장료가 달라지는 곳도 있으므로 가이드북을 보고 확인합시다. 교회나 성당은 관광지이기 전에 종교상의 신성한 건물입니다. 들어갈 때 정숙하지 못한 복장이나 소란은 삼가야 합니다.

## Unit 1 관광안내소에서

2035
□ 관광안내소는 어디에 있습니까?
**Where's the tourist information center?**
웨어즈 더 투어리슷 인훠메이션 세너

2036
□ 안녕하세요. 무엇을 도와 드릴까요?
**Good morning. May I help you?**
굿 모닝　　　　　　메아이 헬퓨

**2037** 관광안내 책자를 하나 주시겠어요?
**Can I have a sightseer's pamphlet?**
캔 아이 해버 싸잇씨어즈 팸플릿

**2038** 무료 시내지도 있습니까?
**Do you have a free city map?**
두 유 해버 후리 씨티 맵

**2039** 관광지도 좀 주시겠어요?
**Can I have a sightseeing map?**
캔 아이 해버 싸잇씽 맵

**2040** 도시 관광에는 어떤 것들이 있나요?
**What does the city tour include?**
왓 더즈 더 시티 투어 인클루드

**2041** 여기서 볼 만한 곳을 가르쳐 주시겠어요?
**Could you recommend some interesting places?**
쿠쥬 레커멘 썸 인터리스팅 플레이시즈

**2042** 당일치기로 어디에 갈 수 있습니까?
**Where can I go for a day trip?**
웨어 캔 아이 고 휘러 데이 트립
*a day trip 하루 일정의 여행 코스

**2043** 젊은 사람이 가는 곳은 어디입니까?
**Where's good place for young people?**
웨어즈 굿 플레이스 훠 영 피플

☐ 여기서 표를 살 수 있습니까?
2044
**Can I buy a ticket here?**
캔 아이 바이 어 티킷 히어

☐ 할인 티켓은 있나요?
2045
**Do you have some discount tickets?**
두 유 해브 썸 디스카운 티키츠

☐ 지금 축제는 하고 있나요?
2046
**Are there any festivals now?**
아 데어래니 훼스티벌스 나우

☐ 벼룩시장 같은 것은 있나요?
2047
**Is there a flea market or something?**
이즈 데어러 흘리 마켓 오어 썸씽

☐ 여기서 걸어서 갈 수 있습니까?
2048
**Can I walk down there?**
캔 아이 웍 다운 데어

| Unit 2 | 투어를 이용할 때 |

☐ 어떤 투어가 있습니까?
2049
**What kind of tours do you have?**
왓 카인돕 투어즈 두 유 햅

2050 관광버스 투어는 있습니까?
**Is there a sightseeing bus tour?**
이즈 데어러 싸잇씽 버스 투어

2051 투어는 매일 있습니까?
**Do you have tours every day?**
두 유 햅 투어즈 에브리 데이

2052 오전 코스는 있습니까?
**Is there a morning tour?**
이즈 데어러 모닝 투어

2053 야간관광은 있습니까?
**Do you have a night tour?**
두 유 해버 나잇 투어

2054 투어는 몇 시간 걸립니까?
**How long does it take to complete the tour?**
하우 롱 더짓 테익 투 컴플릿 더 투어

2055 식사는 나옵니까?
**Are any meals included?**
아래니 밀스 인클루딧

2056 시간은 얼마나 걸립니까?
**How long does it take?**
하우 롱 더짓 테익

409

☐ 몇 시에 출발합니까?
2057 **What time do you leave?**
왓 타임 두 유 리브

☐ 어디서 출발합니까?
2058 **Where does it start?**
웨어 더짓 스탓

☐ 몇 시에 돌아옵니까?
2059 **What time will we come back?**
왓 타임 윌 위 컴 백

☐ 한국어 가이드는 있나요?
2060 **Do we have a Korean-speaking guide?**
두 위 해버 코리언 스피킹 가이드

☐ 한 명당 비용은 얼마입니까?
2061 **What's the rate per person?**
왓츠 더 레잇 퍼 퍼슨

## Unit 3 | 관광버스 안에서

☐ 지금 어디로 가고 있습니까?
2062 **Where are we headed?**
웨어라 위 헤디드

2063 저것은 무엇입니까?
**What is that?**
와리즈 댓

2064 저것은 무슨 강입니까?
**What is the name of that river?**
와리즈 더 네임 옵 댓 리버

2065 저것은 무슨 산입니까?
**What is the name of that mountain?**
와리즈 더 네임 옵 댓 마운튼

2066 차 안에 화장실이 있습니까?
**Is there a rest room on the bus?**
이즈 데어러 뤠스(트) 룸 온 더 버스

2067 여기서 얼마나 머뭅니까?
**How long do we stop here?**
하우 롱 두 위 스탑 히어

2068 시간은 어느 정도 있습니까?
**How long do we have?**
하우 롱 두 위 해브

2069 몇 시에 버스로 돌아오면 됩니까?
**What time should we be back?**
왓 타임 슈드 위 비 백

411

## Unit 4　입장료를 구입할 때

☐ 티켓은 어디서 삽니까?
2070
**Where can I buy a ticket?**
웨어 캔 아이 바이어 티킷

☐ 입장료는 유료입니까?
2071
**Is there a charge for admission?**
이즈 데어러 챠지 휘 애드미션

☐ 입장료는 얼마입니까?
2072
**How much is the admission fee?**
하우 마취 이즈 더 애드미션 휘

☐ 어른 2장 주세요.
2073
**Two adults, please.**
투 어덜츠　　플리즈

☐ 학생 1장 주세요.
2074
**One student, please.**
원 스튜던　　플리즈

☐ 단체할인은 해줍니까?
2075
**Do you have a group discount?**
두 유 해버 그룹 디스카운

# Unit 5  관광지에서

- 정말 아름다운 경치이군요!
2076 **What a beautiful sight!**
와러 뷰티훨 싸잇

- 전망이 기가 막히군요!
2077 **What a fantastic view!**
와러 훼태스틱 뷰

- 저 동상은 뭐죠?
2078 **What's that statue?**
왓츠 댓 스태츄

- 이게(저게) 뭐죠?
2079 **What is this(that)?**
와리즈 디스(댓)

- 저게 뭔지 아세요?
2080 **Do you know what that is?**
두 유 노우 왓 데리즈

- 저 건물은 무엇입니까?
2081 **What is that building?**
와리즈 댓 빌딩

2082 ☐ 언제 세워졌습니까?
**When was it built?**
웬 워짓 빌트

2083 ☐ 퍼레이드는 언제 있습니까?
**What time do you have the parade?**
왓 타임 두 유 햅 더 퍼레이드

2084 ☐ 화장실은 어디에 있습니까?
**Where is the rest room?**
웨어리즈 더 뤠스(트) 룸

## Unit 6  관람을 할 때

2085 ☐ 이 티켓으로 모든 전시를 볼 수 있습니까?
**Can I see everything with this ticket?**
캔 아이 씨 에브리씽 위드 디스 티킷

2086 ☐ 무료 팸플릿은 있습니까?
**Do you have a free brochure?**
두 유 해버 후리 브로슈어

2087 ☐ 짐을 맡아 주세요.
**I'd like to check this baggage.**
아이드 라익 투 첵 디스 배기쥐

2088 관내를 안내할 가이드는 있습니까?
**Is there anyone who can guide me?**
이즈 데어래니원 후 캔 가이드 미

2089 그 박물관은 오늘 엽니까?
**Is the museum open today?**
이즈 더 뮤지엄 오픈 투데이

2090 단체할인은 있나요?
**Do you have a group discount?**
두 유 해버 그룹 디스카운

2091 재입관할 수 있습니까?
**Can I reenter?**
캔 아이 리엔터

2092 오늘밤에는 무엇을 상영합니까?
**What's on tonight?**
왓촌 투나잇

2093 오늘 표는 아직 있습니까?
**Are today's tickets still available?**
아 투데이즈 티키츠 스틸 어베일러블

2094 몇 시에 시작됩니까?
**What time does it start?**
왓 타임 더짓 스탓

2095 ☐ 가장 좋은 자리를 주세요.
**I'd like the best seats.**
아이드 라익 더 베슷 씻츠

2096 ☐ 둘이서 나란히 앉을 수 있나요?
**Can we sit together?**
캔 위 씻 투게더

2097 ☐ 환불받을 수 있나요?
**Can I get a refund?**
캔 아이 게러 리훤드

## Unit 7  사진촬영을 허락받을 때

2098 ☐ 여기서 사진을 찍어도 됩니까?
**May I take a picture here?**
메아이 테이커 픽춰 히어

2099 ☐ 여기서 플래시를 터뜨려도 됩니까?
**May I use a flash here?**
메아이 유저 훌래쉬 히어

2100 ☐ 비디오 촬영을 해도 됩니까?
**May I take a video?**
메아이 테이커 뷔디오